华严原人论

中国佛学经典宝藏

62

李锦全 释译

星云大师总监修

人民东方出版传媒

東方出版社

#《中国佛学经典宝藏》
大陆简体字版编审委员会

总序

星云

自读首楞严，从此不尝人间糟糠味；
认识华严经，方知已是佛法富贵人。

诚然，佛教三藏十二部经有如暗夜之灯炬、苦海之宝筏，为人生带来光明与幸福，古德这首诗偈可说一语道尽行者阅藏慕道、顶戴感恩的心情！可惜佛教经典因为卷帙浩瀚、古文艰涩，常使忙碌的现代人有义理远隔、望而生畏之憾，因此多少年来，我一直想编纂一套白话佛典，以使法雨均沾，普利十方。

一九九一年，这个心愿总算有了眉目。是年，佛光山在中国大陆广州市召开“白话佛经编纂会议”，将该套丛书定名为《中国佛教经典宝藏》①。后来几经集思广

① 编者注：《中国佛教经典宝藏》丛书，大陆出版时改为《中国佛学经典宝藏》丛书。

益，大家决定其所呈现的风格应该具备下列四项要点：

一、启发思想：全套《中国佛教经典宝藏》共计百余册，依大乘、小乘、禅、净、密等性质编号排序，所选经典均具三点特色：

1. 历史意义的深远性
2. 中国文化的影响性
3. 人间佛教的理念性

二、通顺易懂：每册书均设有原典、注释、译文等单元，其中文句铺排力求流畅通顺，遣词用字力求深入浅出，期使读者能一目了然，契入妙谛。

三、文简意赅：以专章解析每部经的全貌，并且搜罗重要的章句，介绍该经的精神所在，俾使读者对每部经义都能透彻了解，并且免于以偏概全之谬误。

四、雅俗共赏：《中国佛教经典宝藏》虽是白话佛典，但亦兼具通俗文艺与学术价值，以达到雅俗共赏、三根普被的效果，所以每册书均以题解、源流、解说等章节，阐述经文的时代背景、影响价值及在佛教历史和思想演变上的地位角色。

兹值佛光山开山三十周年，诸方贤圣齐来庆祝，历经五载、集二百余人心血结晶的百余册《中国佛教经典宝藏》也于此时隆重推出，可谓意义非凡，论其成就，则有四点可与大家共同分享：

一、佛教史上的开创之举：民国以来的白话佛经翻译虽然很多，但都是法师或居士个人的开示讲稿或零星的研究心得，由于缺乏整体性的计划，读者也不易窥探佛法之堂奥。有鉴于此，《中国佛教经典宝藏》丛书突破窠臼，将古来经律论中之重要著作，做有系统的整理，为佛典翻译史写下新页！

二、杰出学者的集体创作：《中国佛教经典宝藏》丛书结合中国大陆北京、南京各地名校的百位教授、学者通力撰稿，其中博士学位者占百分之八十，其他均拥有硕士学位，在当今出版界各种读物中难得一见。

三、两岸佛学的交流互动：《中国佛教经典宝藏》撰述大部分由大陆饱学能文之教授负责，并搜录台湾教界大德和居士们的论著，借此衔接两岸佛学，使有互动的因缘。编审部分则由台湾和大陆学有专精之学者从事，不仅对中国大陆研究佛学风气具有带动启发之作用，对于台海两岸佛学交流更是帮助良多。

四、白话佛典的精华集萃：《中国佛教经典宝藏》将佛典里具有思想性、启发性、教育性、人间性的章节做重点式的集萃整理，有别于坊间一般“照本翻译”的白话佛典，使读者能充分享受“深入经藏，智慧如海”的法喜。

今《中国佛教经典宝藏》付梓在即，吾欣然为之作序，并借此感谢慈惠、依空等人百忙之中，指导编修；吉广舆等人奔走两岸，穿针引线；以及王志远、赖永海等大陆教授的辛勤撰述；刘国香、陈慧剑等台湾学者的周详审核；满济、永应等“宝藏小组”人员的汇编印行。他们的同心协力，使得这项伟大的事业得以不负众望，功竟圆成！

《中国佛教经典宝藏》虽说是大家精心擘划、全力以赴的巨作，但经义深邈，实难尽备；法海浩瀚，亦恐有遗珠之憾；加以时代之动乱，文化之激荡，学者教授于契合佛心，或有差距之处。凡此失漏必然甚多，星云谨以愚诚，祈求诸方大德不吝指正，是所至祷。

一九九六年五月十六日于佛光山

原版序

敲门处处有人应

慈惠

《中国佛教经典宝藏》是佛光山继《佛光大藏经》之后，推展人间佛教的百册丛书，以将传统《大藏经》精华化、白话化、现代化为宗旨，力求佛经宝藏再现今世，以通俗亲切的面貌，温渥现代人的心灵。

佛光山开山三十年以来，家师星云上人致力推展人间佛教，不遗余力，各种文化、教育事业蓬勃创办，全世界弘法度化之道场应机兴建，蔚为中国现代佛教之新气象。这一套白话精华大藏经，亦是大师弘教传法的深心悲愿之一。从开始构想、擘划到广州会议落实，无不出自大师高瞻远瞩之眼光，从逐年组稿到编辑出版，幸赖大师无限关注支持，乃有这一套现代白话之大藏经问世。

这是一套多层次、多角度、全方位反映传统佛教文化的丛书，取其精华，舍其艰涩，希望既能将《大藏经》

深睿的奥义妙法再现今世，也能为现代人提供学佛求法的方便舟筏。我们祈望《中国佛教经典宝藏》具有四种功用：

一、是传统佛典的精华书

中国佛教典籍汗牛充栋，一套《大藏经》就有九千余卷，穷年皓首都研读不完，无从赈济现代人的枯槁心灵。《宝藏》希望是一滴浓缩的法水，既不失《大藏经》的法味，又能有稍浸即润的方便，所以选择了取精用弘的摘引方式，以舍弃庞杂的枝节。由于执笔学者各有不同的取舍角度，其间难免有所缺失，谨请十方仁者鉴谅。

二、是深入浅出的工具书

现代人离古愈远，愈缺乏解读古籍的能力，往往视《大藏经》为艰涩难懂之天书，明知其中有汪洋浩瀚之生命智慧，亦只能望洋兴叹，欲渡无舟。《宝藏》希望是一艘现代化的舟筏，以通俗浅显的白话文字，提供读者遨游佛法义海的工具。应邀执笔的学者虽然多具佛学素养，但大陆对白话写作之领会角度不同，表达方式与台湾有相当差距，造成编写过程中对深厚佛学素养与流畅白话语言不易兼顾的困扰，两全为难。

三、是学佛入门的指引书

佛教经典有八万四千法门，门门可以深入，门门是无限宽广的证悟途径，可惜缺乏大众化的入门导览，不易寻觅捷径。《宝藏》希望是一支指引方向的路标，协助十方大众深入经藏，从先贤的智慧中汲取养分，成就无上的人生福泽。

四、是解深入密的参考书

佛陀遗教不仅是亚洲人民的精神归依，也是世界众生的心灵宝藏。可惜经文古奥，缺乏现代化传播，一旦庞大经藏沦为学术研究之训诂工具，佛教如何能扎根于民间？如何普济僧俗两众？我们希望《宝藏》是百粒芥子，稍稍显现一些须弥山的法相，使读者由浅入深，略窥三昧法要。各书对经藏之解读诠释角度或有不足，我们开拓白话经藏的心意却是虔诚的，若能引领读者进一步深研三藏教理，则是我们的衷心微愿。

大陆版序一

楼宇烈

《中国佛教经典宝藏》是一套对主要佛教经典进行精选、注译、经义阐释、源流梳理、学术价值分析，并把它们翻译成现代白话文的大型佛学丛书，成书于二十世纪九十年代，由台湾佛光文化事业有限公司出版，星云大师担任总监修，由大陆的杜继文、方立天以及台湾的星云大师、圣严法师等两岸百余位知名学者、法师共同编撰完成。十几年来，这套丛书在两岸的学术界和佛教界产生了巨大的影响，对研究、弘扬作为中国传统文化重要组成部分的佛教文化，推动两岸的文化学术交流发挥了十分重要的作用。

《中国佛学经典宝藏》则是《中国佛教经典宝藏》的简体字修订版。之所以要出版这套丛书，主要基于以下的考虑：

首先，佛教有三藏十二部经、八万四千法门，典籍浩瀚，博大精深，即便是专业研究者，穷其一生之精力，恐也难阅尽所有经典，因此之故，有“精选”之举。

其次，佛教源于印度，汉传佛教的经论多译自梵语；加之，代有译人，版本众多，或随音，或意译，同一经文，往往表述各异。究竟哪一种版本更契合读者根机？哪一个注疏对读者理解经论大意更有助益？编撰者除了标明所依据版本外，对各部经论之版本和注疏源流也进行了系统的梳理。

再次，佛典名相繁复，义理艰深，即便识得其文其字，文字背后的义理，诚非一望便知。为此，注译者特地对诸多冷僻文字和艰涩名相，进行了力所能及的注解和阐析，并把所选经文全部翻译成现代汉语。希望这些注译，能成为修习者得月之手指、渡河之舟楫。

最后，研习经论，旨在借教悟宗、识义得意。为了将其思想义理和现当代价值揭示出来，编撰者对各部经论的篇章品目、思想脉络、义理蕴涵、学术价值等所做的发掘和剖析，真可谓殚精竭虑、苦心孤诣！当然，佛理幽深，欲入其堂奥、得其真义，诚非易事！我们不敢奢求对于各部经论的解读都能鞭辟入里，字字珠玑，但希望能对读者的理解经义有所启迪！

习近平主席最近指出：“佛教产生于古代印度，但传入中国后，经过长期演化，佛教同中国儒家文化和道家文化融合发展，最终形成了具有中国特色的佛教文化，给中国人的宗教信仰、哲学观念、文学艺术、礼仪习俗等留下了深刻影响。”如何去研究、传承和弘扬优秀佛教文化，是摆在我们面前的一个重要课题，人民东方出版传媒有限公司拟对繁体字版的《中国佛教经典宝藏》进行修订，并出版简体字版的《中国佛学经典宝藏》，随喜赞叹，寥寄数语，以叙因缘，是为序。

二〇一六年春于南京大学

大陆版序二

依空

身材高大、肤色白皙、擅长军事的亚利安人，在公元前四千五百多年从中亚攻入西北印度，把当地土著征服之后，为了彻底统治这里的人民，建立了牢不可破的种姓制度，创造了无数的神祇，主要有创造神梵天、破坏神湿婆、保护神毗婆奴。人们的祸福由梵天决定，为了取悦梵天大神，需要透过婆罗门来沟通，因为他们是从梵天的口舌之中生出，懂得梵天的语言——繁复深奥的梵文，婆罗门阶级是宗教祭祀师，负责教育，更掌控了神与人之间往来的话语权。四种姓中最重要的是刹帝利，举凡国家的政治、经济、军事、文化等等都由他们实际操作，属贵族阶级，由梵天的胸部生出。吠舍则是士农工商的平民百姓，由梵天的膝盖以上生出。首陀罗则是被踩在梵天脚下的土著。前三者可以轮回，纵然几世轮转都无法脱离原来种姓，称为再生族；首陀罗则连轮回的因缘都没有，为不生族，生生世世为首陀罗，子孙也倒霉跟着宿命，无法改变身份。相对于此，贱民比首陀罗更为卑微、低贱，连四种姓都无法跻身其中，只能从事挑粪、焚化尸体等最卑贱、龌龊的工作。

出身于高贵种姓释迦族的悉达多太子，为了打破种姓制度的桎梏，舍弃既有的优越族姓，主张一切众生皆平等，成正等觉，创立了佛教僧团。为了贯彻佛教的平等思想，佛陀不仅先度首陀罗身份的优婆离出家，后度释迦族的七王子，先入山门为师兄，树立僧团伦理制度。佛陀更严禁弟子们用贵族的语言——梵文宣讲佛法，而以人民容易理解的地方口语来演说法义，这就是巴利文经典的滥觞。佛陀认为真理不应该是属于少数贵族、知识分子的专利或装饰，而应该更贴近普罗大众，属于平民百姓共有共知。原来佛陀早就在推动佛法的普遍化、大众化、白话化的伟大工作。

佛教从西汉哀帝末年传入中国，历经东汉、魏晋南北朝、隋唐的漫长艰巨的译经过程，加上历代各宗派祖师的著作，积累了庞博浩瀚的汉传佛教典籍。这些经论义理深奥隐晦，加以书写的语言文字为千年以前的古汉文，增加现代人阅读的困难，只能望着汗牛充栋的三藏十二部扼腕慨叹，裹足不前。

如何让大众轻松深入佛法大海，直探佛陀本怀？佛光山开山宗长星云大师乃发起编纂《中国佛教经典宝藏》。一九九一年，先在大陆广州召开“白话佛经编纂会议”，订定一百本的经论种类、编写体例、字数等事项，礼聘中国社科院的王志远教授、南京大学的赖永海教授分别为中国大陆北方与南方的总联络人，邀请大陆各大学的佛教学者撰文，后来增加台湾部分的三十二本，是为一百三十二册的《中国佛教经典宝藏精选白话版》，于一九九七年，作为佛光山开山三十周年的献礼，隆重出版。

六七年间我个人参与最初的筹划，多次奔波往来于大陆与台湾，小心谨慎带回作者原稿，印刷出版、营销推广。看到它成为佛教徒家中的传家宝藏，有心了解佛学的莘莘学子的入门指南书，为星云大师监修此部宝藏的愿心深感赞叹，既上契佛陀“佛法不舍一众”的慈悲本怀，更下启人间佛教“普世益人”的平等精神。尤其可喜者，欣闻现大陆出版方东方出版社潘少平总裁、彭明哲副总编亲自担纲筹划，组织资深编辑精校精勘；更有旅美企业家鲁彼德先生事业有成之际，秉“十方来，十方去，共成十方事”之襟怀，促成简体字版《中国佛学经典宝藏》的刊行。今付梓在即，是为序，以表随喜祝贺之忱！

二〇一六年元月

目　录

题解

《原人论》，唐释宗密撰。宗密，生于公元七八〇年（唐德宗建中元年），殁于公元八四一年（唐武宗会昌元年），俗家姓何，果州西充（今四川西充县）人。由于他晚年长期住在陕西终南山草堂寺南圭峰，因此学者又称他为圭峰大师。

宗密出生于富裕家庭，据有关碑、传记载称："大师本豪盛"①，"家本豪盛"②；又说他"家世业儒"③。看来他家庭虽然富有，但并非地方豪霸，亦非功勋贵族，而是世代读儒书的平民。正是在这样环境的熏陶下，说到他"髫龀时精通儒学"④，或称是"少通儒书"⑤。他写的自叙也说"髫专鲁诰"⑥，在给澄观的信中还自称"自髫龀洎弱冠"，"诗书是业"⑦。（这里"髫"指儿童的发型，从童年到弱冠，大约是从六七岁到十六七岁之间。在这段期间，他是专心熟读儒家经典，可能还准备参加科举考试，这是当时一般读书人的出路。）

但是宗密在修习儒书的过程中，不满足于只是诵读儒家经传的词句。由于唐朝的科举考试，要求考生背诵经书的条文。如考试方式中有一项为帖经，将经文左右内容掩盖，露出中间一行，再裁纸为贴，即将这一行中用纸随意贴掉几个字，要求考生说出来。这种考试方式，考生除死记硬背外，连经义也不一定理解，更谈不上通经致用了。（另外唐朝的科举制度，考生分生徒和乡贡两类。生徒是在校学生，可以直接参加考试；宗密非在校学生，作为乡贡就要先向当地州、县报名，经考查合格，再举送朝廷。）这种制度，使宗密大为不满，所谓“欲于世以活生灵，负俊才而随计吏”⑧。本来以他的才情，是可以到社会上为民造福，但参加科举考试却要受制于地方“计吏”的推举，因而挫伤了他进入仕途的积极性。

宗密少年时已经是个聪明好学的人，他读书并不专为求得功名富贵，同时对现实的人生也开始进行思考。他曾自称是“好道而不好艺”⑨。“道”是对宇宙人生规律性的理解，是最高的智慧；而“艺”则是可供操作的技能，只是一些具体的智识。宗密虽然说过，

“纵游艺，而必欲根乎道”[10]。他对自己的儒学生涯，一方面承认是“游艺”，即游回在各种技艺之中；另一方面亦力图从“道”的理解来指导“艺”。但当时从他的学力来说，对解决宇宙人生根本问题的所谓“道”，他的认识还是不清楚的。比如宇宙间万物如何产生？现实人生为什么有贫富贵贱、贤愚善恶、生死寿夭？人之生从何而来，人死后如何归宿？探寻这些问题，儒学中并非完全没有答案，但要在心灵的归属上寻求慰藉，这是入世的儒家难以满足的，只有在宗教方面才有希望得到解决。

正是由于上述原因，宗密在儒学中找不到心灵的归宿，“是则诗书是业，每觉无归”[11]。虽然将读诗书作为专门业务，而心中却感到彷徨无计，这就使他对儒学产生怀疑。所以他虽在“髫龀时精通儒学”，但到“弱冠”成年后，却开始“听习经论，止荤茹，亲禅德”[12]。即对佛教有所接触。他既去听佛经的宣讲，同时遵从佛教素食的生活方式，并对佛教教义作理论研究。他接触佛教也是从浅入深，初时对因果报应论比较欣赏，“决知业缘之报，如影响应乎形声”[13]。这段期间据宗密自述：“余先于大、小乘法相教中，发心学习数年。”[14]他这里涉及到讲业报的人天教及小乘、大乘法相教等教义。但由于缺乏名师指点，故仍未解决心中的疑难，所谓“无量疑情，求决不得”[15]，因而“惑情宛在”[16]。后来宗密说到这个时期学习儒、佛两家教义的情况，是“俱溺荃蹄，唯味糟粕”[17]，只懂得一些粗浅的皮毛，因而不免感到失望。

宗密成年后初步学佛，感到收获不大，于是又想转归儒学。为了能直接从学校赴考，他就到遂州（今四川遂宁县）义学院学习，“将赴贡举”[18]，即准备参加科举考试，这一年他是二十三岁。据宗密自叙谓：“二十三又却全功，专于儒学，乃至二十五岁过禅门。”[19]这里讲“过禅门”，指从道圆禅师出家，但时间与两篇传记有出入。据《宗密传》称：“元和二年，偶谒道圆禅师，圆未与语，密欣然而慕之，乃从其削染受教。”《五祖圭峰大师传》则称：“宪宗元和二年，将赴贡举，偶值遂州大云寺道圆禅师法席，问法契心，如针芥相投，遂求披剃，时年二十七也。”两处记载年份相同，但推算年龄，既非二十五，也非二十七，而应该是二十八岁。

不过年岁记载虽是有些出入，而宗密随道圆出家事却几处所述相同。当时他正在遂州义学院读书，准备应考，适逢道圆禅师到遂州开设道场，宣讲佛法。宗密当时思想正在游移不定，得到消息后就去参加听讲。因这次见道圆是偶然机会，所以两传说是“偶值”“偶谒”。

可能他听讲时提出问题，而道圆却“未与语”[20]，没有给以回答。但道圆虽没有说话，而宗密却感到这位禅师气度非凡，“俨然若思而无念，朗然若照而无觉”[21]，清朗、深沉而又安详。无言的智慧在启发后辈的思考。宗密此时却突然进入悟道的境界，“问法契心，如针芥相投”[22]，也就是禅宗以心传心所取得的效果。由是宗密决定放弃儒学科举之路，“落发披缁”，即跟从道圆出家，这是他人生际遇的一大转折。

至于道圆所属宗派，宗密认为是禅宗南派惠能的传人，其世系为：曹溪惠能—荷泽神会—磁州智如—益州南印—遂州道圆，由是宗密自居为荷泽宗神会的四传弟子。

宗密随同道圆之后，从儒学正式皈依佛门，寻求人生安身立命之道。他禅悟功夫虽有长进，但感到问题并未完全解决，如身（肉身）与心（精神）的关系，色（物质现象）与空（抽象本体）的关系，以何者为本？似还存有疑难。他在参见道圆时虽多次询问，道圆仍是一贯作风，并不具体回答，却给宗密一部《华严法界观门》，任他自己参悟。

宗密得到《华严法界观门》，开始潜心研究。这部华严宗早期论著，相传为道顺（公元五五七—六四〇年）所作，讨论色空、理事关系。全书分三部分，第一真空观，讲色空关系。第二理事无碍观，讲理事圆融关系。第三周遍含容观，讲事事无碍关系。宗密从书中初步领会各种对立矛盾的融合问题：如净刹与秽土的融合，诸佛与众生的融合，时间上则有三世的融合，空间方面有十方的融合等等。这是为宗密思想走向华严宗的先导。

宗密融合思想体系的完成，还得力于《圆觉经》的启示。据说他在道圆门下当“沙弥”时，“一日随众僧斋于府吏任灌家”，“得《圆觉》十二章，读一、二章，豁然大悟，身心喜跃”[23]。宗密为什么喜欢《圆觉经》？这部经的基本内容，承认众生皆有“圆觉”，即自身具有圆满无缺的觉性。这种觉性是至净纯善，自性具足的“真心”，只是由于世人受尘俗所秽染，各种贪瞋杂念使觉性迷失，因而陷入生死轮回。如能通过自身的悟性修持，排除尘世各种贪瞋爱欲的秽染，觉性就可以得到恢复，即承认众生可以成佛。

宗密经过对《华严法界观门》和《圆觉经》的研修，对原来人世间的死生寿夭、贫富贵贱，以至身心、色空关系等问题，都有所理解。但对佛教不同宗派各据经论所出现的岐异和矛盾，觉得仍有疑难。“至于诸门差别，心境本末”，他感到“犹未通决”[24]。由于他读《圆觉经》后，将悟道心得告知道圆，道圆认为他应当

"大弘圆顿之教"，主张他外出游学以增广学识，于是宗密就带着疑难去寻求答案。

宪宗元和五年（公元八一〇年），宗密来到湖北襄阳，在恢觉寺见灵峰和尚。灵峰是华严四祖澄观门下，得知宗密的学问和追寻的疑难问题，在重病的情况下，将"经及疏钞"授予宗密。据宗密所记，谓"攻华严大部，清凉广疏"[25]。这指的是《华严经》，清凉国师澄观写的《华严经疏》和《华严大疏钞》。宗密得到华严大法十分高兴，说到他自己"吾辈遇南宗，教逢《圆觉》"，"今复得此大法，吾其大幸矣！"[26]

宗密得到华严大法，自认为解决了他一生的疑难问题，使他的心境豁然开朗，自称谓"一生余疑，荡如瑕翳，曾所习养，于此大通，外境内心，豁然无隔"[27]。据此对佛教内部各宗派之分，他认为应该用圆融无碍思想来加以包容。而对某些宗派，包括禅宗的缺陷，则说"所恨不知和会"[28]，由此宗密产生归宗华严的思想。到元和六年（公元八一一年），宗密回到东都洛阳，据说曾拜谒神会墓塔，可能有与先师作别之意。但宗密并未抛弃禅宗，而是纳入华严圆融在一起，这是形成宗密思想的特色。《原人论》可以说是圆融思想的产物。

宗密归宗华严的经过，他在元和六年九月十三日，给澄观写了一封信[29]。信中详述自身的学业经历，及修习华严的心得体会，并表述要求归向华严的意愿。澄观十月十二日回信，对宗密的见解给予肯定，称“得旨系表，意犹吾心”[30]，同意收纳为门徒，并称誉为“转轮真子”。意思是说，宗密将成为能推转佛教法轮的可靠人选。宗密接到澄观回书后，十月十三日再写信给澄观，表达感戴之情。到年底宗密亲到长安拜澄观为师，澄观对他十分赏识，声称“毗庐华严能随我游者，其唯汝乎！”[31]，可见对宗密寄以厚望，从而奠定他后来作为澄观继承人的地位。

宗密归入澄观门下，先是执弟子礼随侍左右，后来名声逐渐增大，从元和八年（公年八一三年）开始，受各寺庙邀请，外出进行讲学交流，并且有机会到各寺“遍阅藏经”[32]，因而学问更加长进。他一面继续研究《圆觉经》，同时与其他经论的思想进行比较。大概在元和十年到十一年之间，为避开都市的烦扰，他进入终南山智矩寺开始撰述，写成《圆觉经纂要》等两部书稿，并继续读寺中藏经。三年后（元和十四年）下山到长安，在兴福寺、保寿寺继续写作。长庆元年（公元八二一年）又回到终南山，先后在草堂寺、丰德寺等地居住，在此期间著述不绝，完成他的大部分著作。

由于他在佛学上的成就，引起朝廷的关注，太和二年（公元八二八年）庆成节那天，唐文宗诏见宗密，“问诸法要”，询问关于佛法要义，并赐给他一件紫色袈裟，又赐号“大德”，表示他在佛教中的崇高地位，由是“朝臣士庶，咸皆归仰”[33]，受到官民各界群众的崇拜。

宗密在京师逗留三年后，太和四年他上表请求归山，并继续从事著述。到武宗会昌元年（公元八四一年）正月六日，“坐灭于兴福塔院，俨若平日，容貌益悦”[34]保持高僧坐化的形象。当时他俗龄六十二岁，按出家算的僧龄达三十四年，遗嘱不留尸骨，不立墓塔，也无须悲悼，表明人去我空之意。后经过唐武宗灭佛的所谓会昌法难，到宣宗时再兴佛教，追谥宗密为“定慧”禅师，立墓塔名“青莲”，“持服执弟子礼，四众数千百人矣”[35]。可见宗密身后在群众中仍有深远影响，并被推为华严五祖。

宗密的著作，据《五祖圭峰大师传》记载：元和十一年春，在终南山智炬寺出《圆觉科文》《纂要》二卷。十四年于兴福寺出《金刚纂要疏》一卷，《钞》一卷。十五年春，于上都兴福、保寿二寺，集《唯识疏》二卷。长庆元年，退居鄠县草堂寺。二年春，重治《圆觉经解》。又于南山丰德寺制《华严纶贯》五卷。三年夏，于丰德寺纂《四分律疏》三卷。至冬初，《圆觉》著述功就，《大疏》三卷，《大钞》十三卷。随后又注《略疏》两卷，《小钞》六卷，《道场修证仪》十八卷。前后著《涅槃》《起信》《兰盆》《行愿》《法界观》等经论疏钞，并集诸宗禅言为《禅源诸诠集》，及酬答书偈议论等，总九十余卷[36]。

另据《宗密传》载：乃著《圆觉》、《华严》及《涅槃》《金刚》《起信》《唯识》《盂兰盆》《法界观》《行愿》等疏钞，及《法义类例》《礼忏修证图传纂略》，又集诸宗禅语为禅藏，总而序之，并酬答书偈议论等。又《四分律疏》五卷，《钞悬谈》二卷，凡二百许卷[37]。

对两传宗密著述数量的不同，可能他所编纂的《禅源诸诠集》一百卷，《圭峰大师传》未有计算在内。就按两传所列不完全统计，宗密的著作量是相当丰富的。至于现存的重要著述，近人汤用彤曾列记如下：

《金刚经疏论纂要》二卷

《华严经行愿品别行疏钞》六卷

《注华严法界观门》一卷

《圆觉经大疏》十二卷

《圆觉经大疏释义钞》十三卷

《圆觉经略疏》四卷

《盂兰盆经疏》二卷

《华严原人论》一卷

《禅源诸诠集都序》四卷，即《禅藏》序

《禅门师资承袭图》一卷。以上均存[38]。

这里所列的《华严原人论》，上述宗密的两传均无记载。由于此书内容与《大疏》《大钞》有相似的地方，日本学者鎌田茂雄认为：《原人论》与《大疏》撰述的先后，在目前研究的情况下，难以作出确切的判断[39]。

另据董群的意见，认为与宗密同时的韩愈（公元七六八—八二四年），在长庆四年（公元八二四年）写过一篇《原人》，而宗密的《大疏》则作于长庆二年（公元八二二年）。从内容看，《原人论》却针对韩愈等人的儒学及其渊源，也针对道家道教，兼及佛门权浅之教，即对各宗派关于原人学说作一全面评判，故其撰述时间，可能是在韩愈《原人》篇之后，在《大疏》的基础上写成[40]。

从上述宗密一生学养及其思想的发展过程来看，我认为《原人论》是他归山后的晚期著作，也可以说是他思想比较成熟时所写。宗密一生，从“少通儒书”，到学法禅门南宗，再归化华严，成为有道高僧。他智识广博，思辩敏锐，且善于融合诸家之长，为己所用。从

《原人论》的内容看，正是符合他后期的思想特点。

宗密的《原人论》，前有小序，后分四节。序言部分，认为人为万物之灵，但宇宙间万物以至人类生命如何生成，若要极本穷源，儒、道两家及佛教一些低层次的宗派都不能解决。于是他袭用判教的形式，既依次对各宗进行评判，而最后则吸纳各家，将三教融合于一乘显性教，以会通本末作结。全文反映出宗密后期思想的包容性。

《原人论》第一节为《斥迷执》，这是针对习儒、道者的批评。他指出儒、道二教认为“大道即是生死贤愚之本”，那么人们就无法去避祸求福，只有听天由命。但世上却是“贫多富少”“贱多贵少，乃至祸多福少”，如果多少都是由天定，天何以不公平呢？对“无德而富，有德而贫”的现象又如何解释？如果说“皆是自然生化”，并无因果关系，然则“太平”治国，可以不倚靠“贤良”，能成为“仁义”之人也无需接受教化。而且天地之气本属“无知”，人禀“无知之气”，何以会变得“有知”；同样草木“亦皆禀气”，何以就“不知”呢？宗密提出这些质询，就是对儒家天命观和道家元气自然论的评判。据此宗密将儒、道说成是思想迷误的外教。

《原人论》第二节为《斥偏浅》。宗密认为佛教中各宗派，有由浅到深的不同层次，可以分为五等：一、人天教；二、小乘教；三、大乘法相教；四、大乘破相教；五、一乘显性教。这一节所讲的前面四个宗派，他认为都有偏失和不足的地方，所以称之为“偏浅”并逐个提出评判。

一、人天教。宗密认为这只是对初入门的佛教徒讲最简单的因果报应的道理。如说行善事死后升天堂，作恶的人死后入地狱，成为饿鬼、畜生。这种教义讲报应虽然不错，但“谁人造业，谁人受报”？即是说一个人今生犯罪或行善，死后由谁接受报应？如果说报应在来生，那么“修福”的人会感到委屈，而“造罪”的人却占了便宜，哪有这样不讲道理的呢？据此宗密认为人天教“虽信业缘，不达身本”，在相信佛教所讲业报因缘时，没有讲清楚人生的本源关系。

二、小乘教。这种教义将人的身心说成是由地、水、火、风四大元素相互和合而成，即认为自己的身心为一常住不变的实体，不能了解此身本来就不是实有的存在，不过是因色、心的不同元素假合而成的一种幻相。而小乘教却把色、心二法和贪、瞋、痴三毒作为一切生命存在的根本，那么色、心自体就应该永无间断，但在无色界天，没有构成色法的四大元素的存在，又安能维持此身而不断绝呢？可见修习此教的人，并没有弄清楚此身存在的根本。

三、大乘法相教。此教义认为一切有情的存在，自然而有八种识，其中阿赖耶识，是一切存在的根本。由阿赖耶识变现出能产生各种意识的识根，衍生出第七末那识，又各自分出所缘的境界之相。这些所缘的境界之相，既然是由识所变现出来，所以都是没有自性的虚幻假相，但由于无明妄想覆盖的缘故，才产生一种错误的执见，以为是真实的存在，并由此而造就出各种因素。宗密提醒人要悟出这种道理，“方知我身为识所变，识为身本”。

四、大乘破相教。此宗教义是要破除大小乘包括法相宗的执着，显示真如佛性本来空寂的大乘教理。此宗质询法相教“所变之境既妄，能变之识岂真？”所以认为各种意识，无非是各种因缘假合而成，都是没有自性的幻相。“是知心境皆空，方是大乘实理”。宗密对破相宗虽然有所肯定，但觉得仍有不足之处。他指出如果“心境皆无”，“都无实法，依何现诸虚妄？”即如虚妄的梦境，还是依存于“睡眠之人”，“今既心境皆空，未审依何妄现？”所以宗密批评此种教义只是破除各种执着之心，并没有明确表述真如佛性的本义。

依上所述，宗密认为这四种教义，都有其不足。如果修习这些教理，知道并不完全解决问题，故可以名之为“浅教”；如果将各种教义的执着认为能解决问题，这种认识只能说是一种“偏见”，所以从修习的人而言，上述四种可总称为偏浅之教。

《原人论》第三节为《直显真源》，即最真实了解佛教教义的宗教，宗密称之为一乘显性教。他认为上述各宗理论上都有片面性的缺点，只有“一乘显性教”（华严宗）才能显示最高、最圆满的真理。

宗密所宣扬的大乘显性教，认为一切有情之物，本来都有灵明觉知之性，众生由于不能了解这一点，觉性为无明妄想所蒙蔽，才造成种种因业，受生死轮回的痛苦。所以《华严经》指出：“无一众生而不具有如来智慧”，只是由于“妄想执着”而不能证见。因此宗密现身说法，告知一切有情众生，本来是具有无上佛智，所以必须以佛的行为来规范自己，使人心与佛心相契合，这样就能寻回迷失的觉性，进入圆通无碍的妙境。他要众生了解，只要能息妄归真，认识到真心才是衍生一切的根源，只有做到这个地步，才算得是掌握住能穷究人生一切存在的真谛。

《原人论》第四节为《会通本末》。宗密在前三节中，用判教形式，将儒、道外教及佛教中的大、小乘等宗派，一一加以批评，最终归结到一乘显性教为最高真理。但他并不是完全否定其他教派，而是在评判其缺点后，用一乘显性教加以包容，所以说“会前所斥，同归一源，皆为正义”。这是他写作《原人论》的本旨，也是他后期思想成熟的表现。

宗密对教内外各宗派，既是“节节斥之”；在评判后根据不同层次，逐步做“本末会通”工作。他首先阐述一乘显性教的基本教义，承认人生的本源是“唯一真灵性”，这种最初存在的真灵之性，是“不生不灭，不增不减，不变不易”的真心。由于众生对此“不自觉知”，故真心被“隐覆”而不能显现，称之为“如来藏”，有“生灭心相”的能力，而大乘破相教却要“破此已生灭诸相”，因此破相教一方面受到宗密的批评，同时表明破相教实为一乘显性教所包容和会通。

对大乘法相教认为阿赖耶识是最初存在的本源。从宗密看来，阿赖耶识只是不生不灭的真心与如来藏“生灭妄想”相结合的产物，所以“此识有觉、不觉二义”。如果是觉识，就不会去发动生起外境；如果是不觉，那么阿赖耶识就会起心动念，宗密指出是“依不觉故，最初动念，名为业相”。正是由于没有觉悟，因而起动出本是空无的妄念，并对此妄念加以执着。这就使阿赖耶识“转成能见之识，及所见境界相现”，即变现出外境和人自身。据此宗密认为：法相教的阿赖耶识，也是由一乘显性教会通而来，只是由于对真心觉悟不够，才使如来藏出现“生灭心相”的缘故。

对小乘教的会通，是沿着大乘法相教阿赖耶识的变现而来。阿赖耶识生起外境，而众生“又不觉此境从自心妄现，执为定有，名为法执”。小乘教义就是将外境中种种事物，没有觉悟到是自心妄念所现，而执着为有，称之为法执。由于这种执着，产生了外部存在与我自身的不同，所谓“遂见自他之殊，便成我执”。小乘教主张，空法我有，以身与心识为人的本源，从一乘显性教的会通本末来说，小乘教比法相教更低一个层次。

小乘教之下为人天教。人天教以业为人生之源。由于“执我相故，贪爱顺情诸境，欲以润我；瞋嫌违情诸境，恐相损恼”。这种对我的执着，当我处顺境时就产生贪爱，处逆境时就觉得瞋嫌，加上“愚痴之情，辗转增长”，由此促使人们造作种种善恶之业，并受到相应的果报，造恶业的转生于地狱，或成为饿鬼、畜生；造善业的则转生人道。一乘显性教对人天教，是在比小乘教又再低一个层次上会通。

最后是会通儒、道。宗密既批评儒、道的迷执，又是以本教会通末教，承认儒、道思想的合理性，以达到三教圆融。儒、道以元气、自然、天命、大道为人之源，宗密对此逐一加以剖析。

宗密缘着人天教造业的思路，众生如能造善业，“心神乘此善业，运于中阴，入母胎中，禀受气质”到“十月满足，生来名人”。这是承认由于禀受父母气质，经过十月怀胎而成人，这就融合了以气为人之源的儒、道气化论思想。

宗密还从业报论出发，“谓前生敬慢为因，今感贵贱之果”。所以或有出现“无恶自祸，无善自福，不仁而寿，不杀而夭”等现象，都是由于“前生满业已定，故今世不同所作”，这种因果报应是“自然而然”，即必然会自然发生的。他认为儒、道那些外学的人，由于“不知前世”，只看到眼前而讲是一种“自然”，那就无法解释受报的原因。只有承认业报论这个前提，儒、道的自然论是可以接受和会通的。

同样从业报论出发，宗密认为有的人少年时修善，老年时反而造恶，也有少时造恶而老年修善的，所以到今世有的人“少小富贵而乐，老大贫贱而苦，或少贫苦老富贵”。外教学者不知这是业报，而认为是“由于时运”，亦即是归结为天命。宗密认为如承认因果报应这个前提，天命论也可在融合之列。

最后对儒、道的大道生成论，宗密用阿赖耶识的变现原理来加以会通。他承认有“混一之元气”与“真一之灵心”，但认为“元气亦从心之所变”，“是阿赖耶相分所摄"，据此，"则心识所变之境乃成二分，一分即与心识和合成人，一分不与心识和合，即是天地山河国邑"。这就将儒、道所讲的自然大道，成为阿赖耶识所变现的见分与相分之境，而"元气"对于"心"则是处在从属地位。

《原人论》写到这里，从本至末，节节会通，而是以本统末，即是以一乘显性教为本，以此会通佛门其他各宗并及儒、道外教，最后达到三教圆融的境界，这就是宗密撰写《原人论》的本旨。

《原人论》又称《华严原人论》，是属于华严宗的经典。宗密本人，后又被尊为华严宗五祖。但从本文上述，宗密对人生哲理的认识和体验，却经历过相当复杂的进程。他从少通儒书，到投身禅宗南宗门下，最后归宗华严，不断对诸家教义进行探索，以寻求人性的本源及其安身立命之道。由于宗密修习诸家教义时，不是简单弃旧图新，而是经过扬弃吸取诸家之长再综合创新。《原人论》既是他晚年成熟的作品，并不是单纯阐述华严教义，从会通本末到三教圆融，在佛教典籍中占有特殊地位。

《原人论》会通三教的思想，对宋明理学的形成和儒学哲理化，起到重大影响，对促进佛教中国化和丰富传统文化的内涵，《原人论》也有很高的学术价值，是宝贵的精神财富。（本书以金陵刻经处印同治十三年鸡圆刻经处本为底本，并参校频伽精舍《大藏经》本。为了阅读方便，除依原来分章外，又以文义为之分段。）

注释：

① 语出《圭峰定慧禅师碑》。

② 语出《宋高僧传·宗密传》。

③ 语出《五祖圭峰大师传》。

④ 语出《五祖圭峰大师传》。

⑤ 语出《宋高僧传·宗密传》。

⑥ 语出《圆觉经大疏·本序》。

⑦ 语出《圭峰定慧禅师遥禀清凉国师书》。

⑧ 语出《宋高僧传·宗密传》。

⑨ 语出《圭峰定慧禅师遥禀清凉国师书》。

⑩ 语出《圭峰定慧禅师遥禀清凉国师书》

⑪ 语出《圭峰定慧禅师遥禀清凉国师书》。

⑫ 语出《五祖圭峰大师传》。

⑬ 语出《圭峰定慧禅师遥禀清凉国师书》。

⑭ 语出《圆觉经大疏释义钞》。

⑮ 语出《圆觉经大疏释义钞》。

⑯ 语出《圭峰定慧禅师遥禀清凉国师书》。

⑰ 语出《圆觉经大疏·本序》。
⑱ 语出《五祖圭峰大师传》。
⑲ 语出《圆觉经大疏释义钞》。
⑳ 语出《宋高僧传·宗密传》。
㉑ 语出《圭峰定慧禅师碑》。
㉒ 语出《五祖圭峰大师传》。
㉓ 语出《五祖圭峰大师传》。
㉔ 语出《圆觉经大疏释义钞》。
㉕ 语出《圆觉经大疏释义钞》。
㉖ 语出《道圆禅师法嗣》。
㉗ 语出《圭峰定慧禅师遥禀清凉国师书》。
㉘ 语出《圭峰定慧禅师遥禀清凉国师书》。
㉙ 语出《圭峰定慧禅师遥禀清凉国师书》。
㉚ 语出《清凉国师诲答》。
㉛ 语出《五祖圭峰大师传》。
㉜ 语出《圆觉经大疏释义钞》。
㉝ 语出《五祖圭峰大师传》。
㉞ 语出《宋高僧传·宗密传》。
㉟ 语出《宋高僧传·宗密传》。
㊱ 语出《五祖圭峰大师传》。
㊲ 语出《宋高僧传·宗密传》。
㊳ 语出汤用彤:《隋唐佛教史稿》。

㊴ 语出镰田茂雄:《儒道的气与佛教——宗密的气》。

㊵ 语出董群:《唐代佛教学者密宗融会三教思想的分析研究》。

经
典

1 序

原典

华严[1]原人[2]论[3]序

万灵[4]蠢蠢[5]，皆有其本[6]；万物[7]芸芸，各归其根[8]。未有无根本而有枝末者也，况三才[9]中之最灵，而无本源乎？

且知人者智，自知者明[10]，我今禀得人身，而不自知所从来[11]，曷能知他世[12]所趣乎？曷能知天下古今[13]人事乎？故数十年中，学无常师，博考内外，以原自身。原之不已，果得其本。

然今习儒道者，祇知近则乃祖、乃父，传体相续，受得此身，远则混沌一气，剖为阴阳之二，二生天、地、人三，三生万物，万物与人，皆气为本[14]。

习佛法者，但云近则前生造业，随业[15]受报，得此人身；远则业又从惑[16]，展转乃至阿赖耶识[17]，为身根本。皆谓已穷[18]，而实未也。

然孔、老、释迦皆是至圣，随时应物，设教殊途，内外[19]相资，共利群庶。策勤万行，明因果始终；推究万法，彰生起本末，虽皆圣意，而有实[20]有权[21]。二教惟权，佛兼权实。策万行，惩恶劝善，同归于治，则三教皆可遵行；推万法，穷理尽性，至于本源，则佛教方为决了。

然当今学士各执一宗，就师佛者，仍迷实义，故于天地人物不能原之至源。余今还依内外教理，推穷万法，初从浅至深。于习权教者，斥滞令通，而极其本；后依了教[22]，显示展转生起之义，会偏令圆，而至于末。末即天地人物。文有四篇，名《原人》也。

注释

①**华严**：本是经名，又用以表示以此经为所依之宗派及其法门。该论题中标华严为首，说明此论是以《华严经》或华严宗为立义所归。

②**原人**：原，指推究事物的根本。原人，指穷究人之本始。佛教认为，六道众生中唯有人可以成佛，所以只要了知人之本源，则四圣六凡，类可皆知。

③ **论**：梵语为 Upadeśa，又译为优婆提舍。包括佛陀自己论议问答而辨理的经籍以及佛的弟子对佛语、法相等进行问答论议，辨析明理的著作。佛教中的论藏，又称阿毗达磨藏，具有往复析征。相互辨难的论理特征，为佛藏中最有哲学思辨意义的部分。

④ **万灵**：佛教通指包括卵生、胎生、湿生、化生等一切具有觉知活动的有情众生。

⑤ 蠢蠢：作动之义，这里况喻一切有情生生不息。

⑥ **本**：本源之义，在此系指一切有情得以存在的内因与外缘。

⑦ **万物**：泛指百谷、草木等无情之物。

⑧ **各归其根**：此义出自老子《道德经》中“夫物芸芸，复归其根，归根曰静”。本意指万物皆从道所生，还归于道，复其本根。在此但取一切万物各有根本，然后才得枝叶茂盛之义。

⑨ **三才**：指天、地、人。才，有才能之义。天有运动之才，地有生成之才，人有鉴虑之才，故谓之“三才”。

⑩ **知人者智，自知者明**：此二句文全出自老子《道德经》。

⑪ **所从来**：即指前世所禀受。照佛教说法，意谓过去业惑辗转的诸阶段。

⑫ **他世**：即指后世。

⑬ **今**：频伽精舍《大藏经》本下有一“之”字。

⑭ **“混沌一气”诸句**：意谓在宇宙天地创化以前，唯一元气，混然未分，故谓之“混沌”。“剖”为剖判，指元气由混沌既分之后，分为阴阳二气，阳气轻清故上升，阴气重浊故下沉。升者为天，沉者为地。二气和合，人生其中，形成三才，从此又流转衍生出万物。这是中国传统儒、道所崇奉的宇宙生成模式。如老子《道德经》上说：“道生一，一生二，二生三，三生万物”，后世注家多训“一”为冲和未分之元气。《周易》上也说：“易有太极，是生两仪，两仪生四象，四象生八卦”，都指这层意义。

⑮ **业**：梵语 karma 意译，其为造作之义，包括身、口、意所作善、恶、无记等诸行。佛教认为一切善恶之业都会招致相应的苦乐果报，所以业，又谓之“业因”。

⑯ **惑**：迷惑之心，指迷于所对之境而颠倒事理，是佛教所谓贪、瞋等烦恼的总名。

⑰ **阿赖耶识**：梵文 Ālayā-vijñāna，又译为藏识、阿黎耶识、无没识等。为佛教所讲八识中第八识，有执藏之义。此识含藏一切事物的种子，其种子为外缘所熏而起现行，形成一切现象世界。

⑱ **穷**：频伽精舍《大藏经》另本下有“其理”二字。

⑲ **内外**：内，指内学、内教，即佛学。外，指外

学、外教。佛家通常自指其教为内教、内学，以他教为外教、外学。这里“外”，是专指以孔子为代表的儒家和以老、庄为代表的道家。

⑳ **实**：实教，指如来所说最根本究竟的教法。

㉑ **权**：权教，指如来为不同根器的众生而说的非究竟的权宜之教。

㉒ **了教**：又称了义教。指大乘经所说佛法的根本教义。

译文

一切有情生灵生生不息，都有其存在的本源；一切无情草木枝盛叶茂，都依赖其生存的根本。没有无根本而有枝叶存在的道理，何况作为天、地、人三才中最灵杰的人，怎么能没有存在的本源呢？

洞悉他人美恶谓之智，反照自身心识谓之明。我现在禀受成人，却不知道自己前生业惑所从何来，怎么还能了解身后的归趣呢？又怎能了解天下古今人事的兴衰交替？所以我数十年来，学习没有固定的老师，而广泛地考究佛与儒、道三家的学问，为的是能穷究我自身存在的本源。经过不断的推究，果然知其根本。

然而现今修习儒、道的人，只知道自己的存在，近则是从先祖、先父那里，肉体上世代相传才受得此身。远则从混然未分的元气，剖判为阴阳二气，阳气轻清上化为天，阴气重浊下化为地，二气交合，化生天、地、人三才，由三才又流转衍生出万物，万物与人，都以元气为根本。

至于修习佛法的人，近则只知道自己的存在是前世造业，随业受报的结果，远则上推为迷妄之心，乃至以阿赖耶识作为生身之根本。他们都以为自己穷尽了一切根源，而实际却并非如此。

孔子、老子、释迦牟尼佛都是最伟大的圣人，他们分别事宜，随机示道，虽创设的教义不尽相同，但作为内学的佛教与外学的儒、道互相促进，都有利益于广大众生，激励有各种行为的人，使能明察因果报应的原委；推究一切现象，了解其产生的根本与流变，虽然都是圣人之意，却有实教与权教的差别。儒、道二教只是权宜所示的方便之教，佛教则权实兼备。能激励一切道德行为，止恶扬善，使社会人心归于安治而言，那么三教都可以遵行；至于推究一切现象，极尽其存在的真谛与根本，则唯有佛教才能彻底解决。

但当今学者都偏执于一宗一派，就修习佛法的人而言，也不免不了解实义，所以对天、地、人及一切现象的存在不能推究其本源。我现在依照佛教与儒、道二教之理，推阐穷了一切现象，首先由浅入深，对于研习权教的人，破除他们的偏执之情，使其通达，从而究极一切现象的根本。尔后再依佛教的究竟实义，阐示一切现象辗转生起的因缘，转偏局之弊为圆融无碍，达到知本而统末的目的。全文共分为四篇，名之为《原人》。

2　斥责迷惑的固执——指学习儒、道的人

原典

斥迷执第一[1]习儒道者

儒道二教，说人畜等类，皆是虚无大道生成养育[2]，谓道法自然[3]，生于元气。元气生天地，天地生万物。故智愚[4]贵贱，贫富苦乐，皆禀于天，由于时命[5]，故死后却归天地[6]，复其虚无[7]。

然外教宗旨，但在乎依身立行[8]，不在究竟身之元由，所说万物，不论象外[9]，虽指大道为本，而不备明顺逆起灭[10]、染净因缘[11]，故习者不知是权，执之为了。今略举而诘之：

所言万物皆从虚无[12]大道而生者，大道即是生死

贤愚之本，吉凶祸福之基，基本既其常存，则祸乱凶愚不可除[13]也，福庆贤善不可益[14]也，何用老庄之教耶？

又，道育虎狼，胎[15]桀、纣[16]，夭[17]颜、冉[18]，祸[19]夷、齐[20]，何名尊乎？

又言，万物皆是自然生化，非因缘者，则一切无因缘处悉应生化。谓石应生草，草或[21]生人，人生畜等。

又，应生无前后[22]，起无早晚，神仙不藉丹药[23]，太平不藉贤良，仁义不藉教习，老庄周孔何用立教为轨则乎？

又言，皆从元气而生成者，则欻[24]生之神[25]，未曾习虑，岂得婴孩[26]便能爱恶骄恣焉？若言欻有自然便能随念爱恶等者，则五德[27]六艺[28]悉能随念而解，何待因缘学习而成？

又，若生是禀气而欻有，死是气散而欻无，则谁为鬼神[29]乎？且世有鉴达[30]前生，追忆往事，则知生前相续[31]，非禀气而欻有。

又，验鬼神灵知不断，则知死后非气散而欻无，故祭祀求祷，典籍有文。况死而苏者说幽途[32]事，或死后感动妻子，仇报怨恩，今古皆有耶？

注释

①“第一”二字，频伽精舍《大藏经》另本无，并在“斥”字前有“一”字。

②此句意出老子《道德经》中“道生之畜之，长之育之”之义，表明一切有情都依赖于道而生成、发展。

③**道法自然**：此句出自老子《道德经》中“人法地，地法天，天法道，道法自然”。自然，指自然本性，非造作之义，不是泛指一般之自然界。

④**智愚**：频伽精舍《大藏经》本均作“愚智”。

⑤**时命**：皆指定数、天、时、命都是儒家学说用以指示超人力的力量。如《论语》中的“死生有命，富贵在天”。《孟子》中的“莫之为而为者天也，莫之致而致者命也”都是此义。

⑥**天地**：儒家以天地而喻道大，作为一切存在的归趣宗极。

⑦**虚无**：道家以虚无喻道之清虚广大，作为一切存在的归趣之本。

⑧**依身立行**：泛指儒、道二教修身立命的各种轨范与践行。

⑨**象外**：指超越一般的知觉现象的存在。佛教学者一般以为，儒家所论，不出天地之外，且罕言性与天

道等形上学的存在；道家虽主张清虚玄远，但也提出六合之外，圣人存而不论的思想，所以都不以论议象外作为自己学说的本旨。

⑩ **顺逆起灭**：这是指佛教说的十二因缘。由无明起行，辗转而产生出生老死等现象，称无明顺起；反之，通过智慧断除无明，由无明灭而行灭，乃至生老死等现象灭，证得圣果，即所谓逆生死而还灭无明。

⑪ **染净因缘**：对此佛教大小各乘，说法不一。小乘一说认为，十二因缘中，由无明缘行，乃至缘生出老、死等现象，是谓染因缘；反之，由智慧断灭无明，乃至行、老、死等现象随灭，是谓净因缘。小乘另一说认为，四圣谛中，苦谛与集谛为染因缘；灭谛与道谛为净因缘。大乘，尤其以《大乘起信论》为代表的法性宗认为，阿赖耶识由真妄和合而成，若迷之时，染法有力，心缘下转，沉沦三界，叫染因缘；悟时净法有力，背尘合觉，成四圣位，叫净因缘。

⑫“虚无”二字，频伽精舍《大藏经》另本无。

⑬ **不可除**：此指祸乱等现象非人力可以剪除。

⑭ **不可益**：此指福庆等现象非通过积善可以增益。

⑮ **胎**：此作动词含孕之义。

⑯ **桀、纣**：均是中国古代有名的暴君。桀为夏朝十七世国君，名履癸，谥法云，其为政无道，暴戾顽

狠，贪虐荒淫，后为商朝所灭。纣为殷商朝三十世国君，名受，谥法云，其为政暴虐，残义害善，后为周朝所灭。

⑰ **夭**：短折之义，在此作动词用。

⑱ **颜、冉**：均是孔子的门徒，古代著名的贤人。颜，即颜回，字子渊，《论语》中记载他“不迁怒，不贰过”，可惜年轻就不幸病死。冉，即冉耕，字伯牛，在孔门中以贤著称，也染疾而终。

⑲ **祸**：凶祸，在此作动词用。

⑳ **夷、齐**：均为殷周时期有名的贤士，传说周武王伐商纣，他们谏之不从，商灭后，以食周粟为耻，饿死于首阳山下。

㉑“或”字，频伽精舍《大藏经》另本作“应”。

㉒ **前后**：在此系指一切现象自然生化的时间先后。下文中的“早晚”亦同此义。

㉓ **丹药**：即炼丹，道教法术之一。源于古代方术，指在炉鼎中烧炼矿石药物，以制“长生不死”丹药（即金丹），后来道士将此方术加以扩充，除将上述用炉鼎烧炼矿石药物称作“外丹”外，又将人体拟作炉鼎，以炼体内的精、气、神，称作“内丹”，此“丹药”即二者统称。

㉔ **欻**：忽然之义。

㉕ **神**：此指人之精神。

㉖ **婴孩**：古代称女曰婴，称男曰孩。

㉗ **五德**：指儒家的仁、义、礼、智、信等五常。

㉘ **六艺**：指儒家的礼、乐、射、御、书、数等六种必备的技艺。

㉙ **鬼神**：鬼，通指阴魂；神，通指阳魂。在中国古代文化中，其通常用来指称相互对应，性质相异的一对超感知的精神现象。

㉚ **鉴达**：此指可以了知、通达之义。

㉛ **生前相续**：指前世是由不同因缘辗转相接而成，不是前后相断，没有联系的。

㉜ **幽途**：泛指阴间等鬼神之域。

译文

儒、道二教，认为人、畜等生灵都是由虚无大道而生成养育，这里所谓“道”，本性自然，从中衍生出混元之气，混元之气衍生出天、地，天、地又衍生出万物。所以智愚贵贱的差别，贫富苦乐的不同，都是由上天和不可捉摸的命数所安排决定，因而一切生灵死后，其元气又复归天地，返回虚无的大道。

由于外教立教的宗旨，只在于要求人们按照一定的价值轨范去修身践行，而并不在于穷究一切存在的原由，所以其所谓万物，也不论及一般知觉现象之外的存在。虽然二教也以大道作为设教的根本，却不具备如佛教一样的，能察知一切存在，由顺境到逆境，由开端到毁灭，由染法熏习而心缘下转，由净法熏习而背尘合觉的起灭过程。由于修习儒、道二教的人，不知儒、道之说只是方便的权宜之教，而固执地认为了义之教。下面我举例几条，加以质询：

对那些主张万物都从虚无大道而衍生的人而言，大道即是生死贤愚的根本，祸乱福庆的始基，作为基址与根本的大道既然恒常存在，那么由其衍生出的祸乱与凶愚等现象，也不应该是人力可以清除的；同样，由其衍生的福庆与贤善等现象，也不可能通过积累善行来加以增益。这样说来，怎么可以用得上老庄的教义？

再则，如果大道养育凶残的虎狼，孕育出夏桀、商纣那样的暴君，夭折颜回、冉耕这样的贤人，祸及伯夷、叔齐一类的节义之士，那怎么能称得上是至尊的名号呢？

再则，又认为一切万物都由大道自然生成，而不是由于因缘假合而成，那么一切彼此没有因缘关系的事物之间，也应该可以自然生化，如说石头可以生草，草可以生人，人可以生畜等等。

再则，既然万物生化都自然而然，没有时间的早晚与先后的顺序，道家所谓的神仙就不应该靠炼丹采药以求长生，太平之世也不应该靠贤良之士来帮助扶持，仁义之德也不应该靠教化与修习来养成，那么老、庄、周、孔何以要创教立义来作为后世的轨范呢？

儒道二教又说，万物都从混元之气辗转而生，那么像初生的婴孩，其忽然生起的意识，并未学习过思虑运作，怎么能够产生出爱恶骄恣等情感的变化呢？如果说忽然生起的意识自然就能随念爱恶，那么儒教所提倡的五德、六艺，也应该可以随念而理解，为何还要有待于不断修习才能完成？

再则，如果生命是禀承元气而忽然产生，人死是元气消散而忽归寂灭，那么鬼神之事又如何解释？而且世上有了知道前世和追忆往事的现象，据此就可以推知，现在的存在，是由前世的不同因缘，辗转相接而成，并不是禀承元气而忽然生起的。

再则，验知鬼神具有灵知不断的现象，可以推知，生命死后，并不是元气消散而忽归虚无，所以古代的典籍上有许多记载祭祀求祷的现象。况且死而复苏的人说到阴间情况等事，或死后感动妻子儿女，对生前恩怨以报复等现象，从古到今也时有发生呢？

原典

外难曰：若人死为鬼，则古来之鬼，填塞巷路，合有见者，如何不尔[1]？

答曰：人死六道[2]，不必皆为鬼，鬼死复为人等，岂古来积鬼常存耶？且天地之气本无知也，人禀无知之气，安得欻起而有知乎？草木亦皆禀气，何不知乎？

又言，贫富贵贱，贤愚善恶，吉凶祸福，皆由天命者，则天之赋命，奚有贫多富少，贱多贵少，乃至祸多福少？苟多少之分在天[3]，天何不平乎？况有无行而贵，守行而贱，无德而富，有德而贫，逆吉义凶，仁夭暴寿，乃至有道者丧，无道者兴。既皆由天，天乃兴不道而丧〔有〕（按"有"字据金陵刻经处《华严原人论合解》补）道，何有福[4]善益谦[5]之赏，祸谣[6]害盈[7]之罚焉？

又，既祸乱反逆皆由天命，则圣人设教责人不责天，罪物不罪命，是不当也。然则《诗》[8]刺乱政，《书》[9]赞王道，《礼》[10]称安上，《乐》[11]号移风，岂是奉上天之意，顺造化[12]之心乎？是知专此教者，未能原人。

注释

①以上诸句，疑脱胎于汉代王充《论衡·论死篇》中：“如人死辄为鬼，则道路之上，一步一鬼也。人且死见鬼，宜见数百千万，满堂盈廷，填塞巷路，不宜徒见一两人也。”外难，即指外道对内教的诘难。

②**六道**：又称六趣。佛教认为：众生因其业力的不同而流转轮回于六种不同的境界，分别指地狱道、饿鬼道、畜生道、人道、阿修罗道、天道。

③**天**：系指超自然人力的造化力量。

④“福”字，频伽精舍《大藏经》本作“边”。

⑤**益谦**：文出《周易》谦卦中之彖语，其彖曰：“天道亏盈而益谦，地道变盈而流谦。”谦，即谦退之德，儒教、道教都崇尚谦德之美，认为谦者受益，故谓之“益谦”。

⑥“谣”字，频伽精舍《大藏经》本均作“淫”。

⑦**害盈**：文出《周易》谦卦之彖语，其彖中曰：“鬼神害盈而福谦，人道恶盈而好谦。”盈，即骄盈之气，儒、道二教反对骄盈之气，所谓盈满之咎，认为盈满者必受害，故谓之“害盈”。

⑧**诗**：即《诗经》，《诗经》分风、雅、颂三种形式，其风、雅中对善则美誉，对恶则讥讽，如对人伦废

坏的乱政予以讥刺，故谓之“刺乱政”。

⑨ **书**：即《尚书》，其有典、谟、训、诰、誓、命等几种形式，都是记载褒扬古代三帝三王治世化民的事迹，故谓之“赞王道”。

⑩ **礼**：即《礼记》，其记载了许多古代的礼仪典章，目的是垂范后世，别尊卑，使君臣父子能各安其位、各尽其职、不敢僭越，故谓之“安上”。

⑪ **乐**：指《乐记》，此文载在《礼记》一书中。古人认为音乐歌舞能反映其所处时代的社会风尚，升沉兴衰，可以助教化，美风俗，故谓之“移风”。

⑫ **造化**：天之异名，指造作变化万物的一种力量。

译文

有外道诘难说：如果人死后变为鬼，那么从古以来的鬼，应该填塞街巷，必然会有人见到，但实情为什么不是这样呢？

对此可以回答说：人死后轮回于六道之中，不一定都变为鬼，鬼死后也可以再变成人，岂有从古以来的鬼一直积存下来不变呢！而且天地之气本来没有灵知之性，人禀承无知的元气，怎么能忽然生起有灵明觉知的意识呢？草木也是禀元气而成，为何又没有灵明觉知之性？

他们又说：贫富贵贱，贤愚善恶，吉凶祸福等现象，都是由天命所决定，那么天赋予万物的命运，怎么会有贫多富少，贱多贵少，以至于祸多福少的道理呢？如果多少的比分由天主宰，那么天怎么如此不公平？况且还有无品行而出身高贵，守品行而出身低微，无德而富足，有德而贫寒，不守道义的人吉利，遵行道义的人逢凶，仁义者短命，残暴者长寿，以至于有道的人丧亡，无道的人兴盛等现象。如果这一切都是由天所主宰，天要兴旺无道而衰亡有道，哪里还有善良谦让的人得奖赏，荒淫骄盛的人受惩罚的道理？

再则，既然祸乱反逆都是由天命所决定，那么圣人立教，指责人而不指斥天，归罪事物而不归罪命数，是不合道理的。那么《诗经》讥刺人伦废坏的乱政，《尚书》褒扬古代治世的王道，《礼记》崇尚差别尊卑、各安其位的礼制，《乐记》激励助教化、美风俗的音乐，难道也是奉敬上天的意志，顺承造化的安排吗？据此可知，专门修习这种教义的人，还不能穷究人物的根本。

3　斥责偏浅的教义——指修习佛学而不了解教义的人

原典

斥偏浅第二[1]习佛不了义教者

佛教自浅之深，略有五等[2]：一、人天教，二、小乘教，三、大乘法相教，四、大乘破相教，上四在此篇中。五、一乘[3]显性教。此一在第三篇中[4]。

一、佛为初心人[5]，且说三世业报[6]，善恶因果，谓造上品十恶[7]，死堕地狱[8]，中品饿鬼[9]，下品畜生[10]。故佛且类世五常之教[11]，天竺世教，仪式虽殊，惩恶劝善无别，亦不离仁义等五常[12]，而有德行可修。例如，此国敛手而举，吐番散手而垂，皆为礼也。令持五戒[13]，不杀是仁，不盗是义，不邪淫是礼，不妄语是信，不饮酒噉肉[14]，神气清洁，益于智也。得免三途[15]，生人道中。修上品十善[16]，及施戒[17]等，生六欲天[18]，修四禅八定[19]，生色界[20]无色界天[21]；题中不标天鬼地狱者，界地不同，见闻不及。凡俗尚不知末，况肯穷本？故对俗教，且标原人，今叙佛经，理宜具列。故名人天教也。然业有三种：一恶[22]、二善[23]、三不动[24]；报有三时：谓现报[25]、生报[26]、后报[27]。据此教中，业为身本。

今诘之曰：既由造业受五道[28]身，未审谁人造业，谁人受报？若此眼、耳、手、足能造业者，初死之人眼、耳、手、足宛然，何不见闻造作？

若言心作，何者是心[29]？若言肉心，肉心有质[30]，系于身内，如何速入眼、耳，辨外是非？是非不知，因何取舍？且心与眼、耳、手、足俱为质阂，岂得内外相通，运动应接，同造业缘？

若言但是喜、怒、爱、恶发动身、口，令造业者，喜、怒等情乍起乍灭，自无其体，将何为主而作业耶？

设言不应如此别别推寻，都是我此[31]身心能造业者，此身已死，谁受苦乐之报？若言死后更有身者，岂有今日身心造罪修福，令他后世身心受苦受乐？

据此，则修福者屈甚，造罪者幸甚，如何神理[32]如此无道？故知但习此教者[33]，虽信业缘，不达身本。

注释

①“第二”二字，频伽精舍《大藏经》另本无，并在“斥”字前有“二”字。

② **五等**：即五教，是指华严宗根据自家观点，对佛陀说法教义所进行的判教。华严宗之判教，共有二种。一是始于杜顺，成于贤首的五时判教，即所谓小乘教、大乘始教、大乘终教、顿教、圆教。另一种，即是本文的判教，其“人天教”，指以持五戒而得生于人间，行十善而生于天上为教者；“小乘教”，相当于前贤首的“小乘教”，指以四部《阿含经》《婆娑论》等经论为主，说灰身灭智的涅槃之法；“大乘法相教”，相当于贤首“大乘始教”中之相始教，指以《解深密经》《唯识论》等经论为主，阐明五性、依他等义的唯识之法；“大乘破相教”，相当于贤首“大乘始教”中之空始教，以《般若经》《大智度论》等经论为依，说诸法皆空等教义者；“一乘显性教”，相当于贤首之终教、顿教、圆教之三教，以《华严经》《大乘起信论》等经论为依，说真如缘起，不变随缘等圆融教义者。

③ **一乘**：频伽精舍《大藏经》另本作“乘一”。

④ **此一在第三篇中**：频伽精舍《大藏经》另本作“在第二篇中”。

⑤ **初心人**：指初发心修习佛法者。

⑥ **三世业报**：三世，即过去世，现在世与未来世；业报，即根据不同的业因而招致不同的果报，这里具体指过去造业，今世受报；今世造业，来世受报。

⑦ **十恶**：今别指一、杀生；二、偷盗；三、邪淫，即与非自己之妻或夫而行淫；四、妄语；五、两舌，即离间他人，说是非之语；六、恶口，即讲粗恶之语；七、绮语，即讲淫秽之语；八、贪欲；九、瞋恚；十、邪见，即不正确的观念。此十恶为一切苦报之因，所以又名十恶业。

⑧ **地狱**：梵语 Naraka 或 Niraya 之义译，指不乐，可厌之地。此指地狱道，佛说三恶道之一。佛教讲的地狱有三类，一为根本地狱，八大地狱及八寒地狱；二为近边地狱，十六游增地狱；三为孤独地狱。

⑨ **饿鬼**：梵语 Preta 义译，此指饿鬼道，佛说三恶道之一。饿鬼常受饥饿之苦，由其所受果报之不同，而有胜劣程度的差异。

⑩ **畜生**：梵语 Tiryagyoni 之义译，又译傍生，为畜养之生类。此指畜生道，佛说三恶道之一。

⑪ **五常之教**：五常，即仁、义、礼、智、信，此即指儒教。

⑫ **仁义等五常**：频伽精舍《大藏经》另本作“仁

识等五”。

⑬ **五戒**：分别指不杀生、不偷盗、不邪淫、不妄语、不饮酒。

⑭ **不饮酒噉肉**：频伽精舍《大藏经》本均作“不饮噉酒肉”。

⑮ **三途**：即上说地狱、饿鬼与畜生三恶道。

⑯ **十善**：与十恶相对，指从不杀生乃至不邪见等十种顺理之善业。

⑰ **施戒**：施，指布施；戒，在此指修十善之外的出家等戒。

⑱ **六欲天**：佛教说欲界有六重之天，谓之六欲天，分别指一、四王天，其中有持国、广目、增长、多闻之四王；二、忉利天，又名三十三天，其中以帝释天为中央，四方各有八天；三、夜摩天，其天中时唱快乐之音；四、兜率天，又言喜足，对五欲之乐，生喜足之心；五、乐变化天，对五欲之境能自乐变化；六、他化自在天，对五欲之境可以自在变化。

⑲ **四禅八定**：四禅，指色界之四种禅定；八定，即色界的四禅定再加无色界之四空定。所谓四禅定，分别指第一、初禅定，指得生于初禅天之禅定，此定有心、所对待与喜、乐二受；第二、第二禅定，得第二禅天生果之禅定，此定无心、所对待，但有喜、乐二受；

第三、第三禅定，能得第三禅天生果之禅定，此定只有乐受；第四、第四禅定，得第四禅天生果之禅定，此定无心所喜乐，最为寂静。所谓四空定：分别指第一、空无边处定，此定可破一切色相；第二、识无边处定，此定可破第一空无边能观之心相；第三、无所有处定，此定所观、能观皆破；第四、非想非非想处定，此定极为寂静，心想虽有如无。

⑳ **色界**：即色界天，佛教之三界之一。佛教认为，凡夫生死往来的世界可分为欲、色、无色等三个不同等级的境界，色界在欲界之上，为离淫食二欲的有情住所，此界殊妙精好，根据禅定之浅深粗妙分为四级，名之为四禅天。

㉑ **无色界天**：此界无一色、一物，亦无身体、宫殿、国土等，在色界之上，此界心识住于深妙禅定之中，根据禅定之深浅，也分为四级，又名四空处。

㉒ **恶**：即上文中之十恶。

㉓ **善**：即上文中之五戒、十善等。

㉔ **不动**：即上文中之四禅八定，因其相对欲界散动之义，故谓之不动。

㉕ **现报**：指现在作善作恶，现身受报。

㉖ **生报**：指今生作业，来生受报。

㉗ **后报**：谓于现在所造善恶之业，二生以后，受

其果报。

㉘ **五道**：又名五趣，为有情往来之所，其分别指地狱道、饿鬼道、畜生道、人道与天道。

㉙ **心**：佛教说心有四种，一为肉团心，即五脏之心；二为缘虑心，能通八种识，缘虑分别；三为集起心，即阿赖耶识，能集不同种子并发起现行；四为坚实心，即指如来藏性。

㉚ **质**：因肉团心属色法，有质碍之性。

㉛ **此**：频伽精舍《大藏经》另本无此字。

㉜ **神理**：即业报之理，佛教认为，一切业由心造，故名之为神。

㉝ **者**：频伽精舍《大藏经》另本无此字。

译文

依照佛教的教义，由浅入深，大略可分为五个层次：一、人天教；二、小乘教；三、大乘法相教；四、大乘破相教；五、一乘显性教。

一、佛陀为最初发心修行的人，只说过去、现在、未来三世的因果业报和善因善报、恶因恶报的教义，说如果造最严重的十恶之罪，死后便堕入地狱，其次流转为饿鬼，如果罪业较轻，则变为畜生。从这层看，佛陀的教义很类似于世俗儒教所说的仁、义、礼、智、信等五种人伦规范。佛教徒要求能遵守五戒——不杀、不盗、不邪淫、不妄语、不饮酒啖肉，才能免予三途之苦，死后再转生为人。如果能修持十种善行以及布施、持戒，死后则可转生于六欲天。如果修习色界的四种禅定和无色界的四种空定，死后则可转生于色界和无色界天，所以把此种教义叫作人天教。按照此教的教义，因业是死后流转的根本。

现在我们对此教的教义加以诘难：既然由于所因业的不同，而分别流转于地狱、饿鬼、畜生、人及天等五道之中，那么不知是谁在造业因？又是谁在受果报？如果说我们的眼、耳、手、足能造作因业，那么刚死的人，其眼、耳、手、足宛然尚在，怎么看不到其见闻造作？

如果说心在造作业因，那么心又具体指什么？如果指肉体之心，肉体之心是有形质的器官，系附藏于身内，怎么能迅速进入眼、耳之中，并令其能辨别是非善恶？如果不能辨别是非善恶，又凭什么来决定行为的取舍？而且心与眼、耳、手、足都归属色法，有质碍之性，怎么能内外相通，相互应接运为，共同造作业缘？

如果说只是喜、怒、爱、恶等感情发动身口，令其造业，那么喜怒等感情忽起忽灭，本身就没有实在的自性，怎么还能作为主宰去指使身口造作业因？

如果说不应像这样步步推论，一切都是我的身心共同造作业因，那么此身灭后，谁来承受这业因的苦乐果报？如果说人死之后，由别的身心来承担，难道有今日身心造罪作福，而让后世其他身心受苦受乐的道理吗？

据此可知，修福德的人十分不幸，而造罪恶的人则十分幸运，为何业报之理这样不公平？通过这些可以推知，只是修习人天教，虽然能使人相信业果报应，却仍不能了解存在的根源。

原典

二、小乘教者，说形骸之色[①]，思虑之心[②]，从无始[③]来，因缘力故，念念生灭，相续无穷，如水涓涓，如灯焰焰。身心假合[④]，似一似常[⑤]，凡愚不觉，执之为我[⑥]。宝此我故，即起贪贪名利以荣我、瞋瞋违情境，恐侵害我、痴非理计较等三毒[⑦]。三毒击[⑧]意，发动身口，造一切业，业成难逃，故受五道苦乐等身[⑨]，别业所感[⑩]。三界胜劣[⑪]等处，共业所感[⑫]。于所受身，还执为我，还起贪等，造业受报。身则生、老、病、死，死而复生；界则成、住、坏、空[⑬]，空而复成。从空劫[⑭]初成世界者。颂曰[⑮]：空界大风起，傍广数无量，厚十六洛叉[16]，金刚[17]不能坏，此名持界风[18]。光音[19]金藏云[20]，布及三千界[21]，雨如车轴下，风遏不听流，深十一洛叉，始作金刚界。次第金藏云，注[22]雨满其内，先成梵王界[23]，乃至夜摩天[24]。风鼓清水成，须弥七金[25]等，滓浊为山地，四洲[26]及泥犁[27]，咸海外轮围，方名器界[28]立。时经一增减[29]，乃至二禅福尽[30]，下生人间，初食[31]地饼[32]林藤，后粳米不销，大小便利，男女形别，分田立主，求臣佐，种种差别。经十九增减，兼前总二十增减，名为成劫。议曰：空界劫中是道教指[33]，云虚无之道，然道体寂照灵通[34]，不是虚无。老氏或迷之，或权设务绝人欲，故指空界为道。空界中大风，即彼混沌一气，故彼云：道生一也。金藏云者，气形之始，即太极也。雨下不流，阴气凝也。阴阳相合，方能生成矣。梵王界，乃至[35]须弥者，彼之天也，滓浊者地，即 生二矣。二禅福尽下生，即人也，即[36]二生三,三才备矣。地饼以[37]下，乃至种种，即三生万物。此当三皇[38]已前，穴居野食[39]，未有火化等。但以其时无文字记载，故后人传闻不明，展转错谬，诸家著作种种异说。佛教又缘通明三千世界，不局大唐[40]，故内外教文不全同也。住者，住劫，亦经二十增减。坏者，坏劫，亦二十增减。前十九增减坏有情，后一增减坏器界，能坏[41]是水火风等[42]三灾。空者，空劫，亦二十增减。中空[43]无世界，及诸有情也。劫劫生生，轮回不绝，无终无始，如汲井轮。道教只知今此世界未成时，一度空劫，云虚无混沌一气等，名为元始，不知空界已前，早经千千万万遍成、住、坏、空，终而复始。故知佛教法中，小乘浅浅之教，已超外典深深之说。都由不了此身本不是我。不是我者，谓此身本因色心和合为相。

今推寻分析，色有地、水、火、风之四大[44]，心有受能领纳好恶之事、想能取像者、行能造作者，念念迁流、识能了别者之四蕴[45]，若皆是我，即[46]成八我。况地大中复有众多，谓三百六十段骨髓一一各别，皮、毛、筋、肉、肝、心、脾、肾各不相是。诸心数[47]等亦各不同，见不是闻，喜不是怒，展转乃至八万四千尘劳[48]。

既有此众多之物，不知定取何者为我。若皆是我，我即百千,一身之中[49]，多主纷乱，离此之外，复无别法。翻覆推我，皆不可得，便悟此身但是众缘，似和合相，元无我人，为谁贪瞋？为谁杀盗施戒？知苦谛也。

遂不滞心于三界有漏善恶[50]断集谛也，但修无我观智[51]道谛，以断贪等，止息诸业，证得我空真如[52]灭谛，乃至得阿罗汉[53]果，灰身灭智，方断诸苦。据此宗中，以色心二法，及贪瞋痴为根身器界之本也，过去、未来，更无别法为本。

今诘之曰：夫经生累世为身本者，自体须无间断，今五识[54]阙缘不起，根境等为缘，意识有时不行，闷绝、睡眠、灭尽定[55]、无想定[56]、无想天[57]，无色界天无此四大，如何持得此身世世不绝？是知专此教者，亦未原身。

注释

①**形骸之色**：色，此指地、水、火、风四大，佛教认为，一切有形质的存在，都是分别由此四大和合而组成，人的身体也不例外，故谓之。

②**思虑之心**：即指人的意识，具有了别计度之用。

③**无始**：佛教认为，一切世间的存在，从其时间概念上说都没有最初的开始，如今生从前世之因缘而有，前世亦从前世而有，辗转推究以至无穷，这实际上就是指时间的无限性，或指很久远的时间概念。

④**身心假合**：佛教认为，人的身心存在，都是由不同元素在一定条件下和合而成，故谓之假合。亦即指没有独立存在的自性。

⑤**似一似常**：一、常均指前后不变，凡夫不知自己的身心存在都是假因缘而成，随因缘散，终而变灭，执着于自己一时的存在，认为可以常住不变。

⑥ **我**：即认为己身有一主宰而常住不变者，佛教认为己身由五蕴和合而成假我，没有实性之我体。

⑦ **三毒**：又名三根，分别指对一切顺情之境贪取无厌的“贪毒”；对一切违情之境起忿怒之心的“瞋毒”；及心性暗钝迷于事理的“痴毒”。佛教认为这三项能伤害众生法身慧命，故名之为“毒”。

⑧ **击**：熏动义，指三毒能熏意识，使其造意业。

⑨ **苦乐等身**：因五道有天道之乐，地狱、饿鬼诸道之苦，故谓五道苦乐等身。

⑩ **别业所感**：指不同的人造不同的业，故感受不同的果报。

⑪ **三界胜劣**：欲界、色界与无色界的诸境界有高低优劣的不同，故谓之。

⑫ **共业所感**：指不同人造相同的业，故感受相同的果报。

⑬ **成、住、坏、空**：佛教所说的四劫。成，谓生起事物；住，谓安住事物；坏，谓衰变事物；空，谓消灭事物。这是佛教用以解释一切存在由生成，变化到灭亡的四个阶段，其辗转往复，循环无穷。

⑭ **劫**：频伽精舍《大藏经》另本无此字。

⑮ **颂曰**：下引《俱舍颂》，此段文义，主要是详尽解释宇宙由生成到变灭的四个阶段。

⑯ **洛叉**：古代印度用以表示大小长短的数量单位。

⑰ **金刚**：喻空界大风力量之大。

⑱ **持界风**：指空界大风有持界之用，故名之。

⑲ **光音**：指三界色界中的光音天。

⑳ **金藏云**：光音天中云色如金，故名之。

㉑ **三千界**：即三千大千世界，此界以须弥山为中心，周围有七山八海交互环绕，更以铁围山为外廓，这叫一小世界，合此小世界一千，则叫小千世界；合此小千世界一千，则为中千世界；合此中千世界一千，则为大千世界。一大千世界为一佛所化之境。

㉒ **注**：频伽精舍《大藏经》另本作“布”。

㉓ **梵王界**：指三界色界中之大梵天。

㉔ **夜摩天**：指三界欲界中之须夜摩天。

㉕ **须弥七金**：须弥，梵文Sumeru，又作修迷楼、苏迷楼等，山名，其为三千大千世界中一小世界之中心，其山顶为帝释天所居，半腹为四王天所居，周围有七香海与七金山，第七座金山外有咸海，其外围为铁围山。这里七金，即指七金山。

㉖ **四洲**：即须弥山四方咸海上之四大洲，其分别为南赡部洲、东胜神洲、西牛货洲、北瞿庐洲。

㉗ **泥犁**：即地狱之名。

㉘ **器界**：又名器世间，指一切众生可居住的国土

世界。

㉙ **一增减**：佛教所说的时间概念。以人寿八万四千岁为基准，每百年减一岁，减到十岁时，叫作减劫，又从十岁，每百年增一岁，增到八万四千岁，叫作增劫。先减后增，名之为减增。这里为了顺文气，说为增减，其义同。

㉚ **二禅福尽**：此指在色界之光音天人受天福尽。

㉛ **食**：频伽精舍《大藏经》另本作“有”。

㉜ **地饼**：即地皮。

㉝ 频伽精舍《大藏经》另本在“指”字后，有一“之”字。

㉞ **寂照灵通**：指道体虽然寂静清虚，却不是空无，而是在至静中有至妙通明。

㉟ **乃至**：频伽精舍《大藏经》另本无此二字。

㊱ **即**：频伽精舍《大藏经》另本无此字。

㊲ **以**：频伽精舍《大藏经》另本作“已”。

㊳ **三皇**：指中国远古时期的伏羲、神农、黄帝。

㊴ **食**：频伽精舍《大藏经》另本作“处”。

㊵ **大唐**：此即指中土，因作者时处唐代，故以大唐况喻。

㊶ 频伽精舍《大藏经》另本，在“坏”字后有一“者”字。

㊷ **等**：上本中无。

㊸ **中空**：频伽精舍《大藏经》另本作“空中”。

㊹ **四大**：佛教认为，地、水、火、风四种元素是构成一切色法的基础，周遍一切有为法中，故谓之大。另，频伽精舍《大藏经》本无“大”字。

㊺ **四蕴**：蕴，梵文 Skandha，又译阴，有荫覆之义，此指受、想、行、识之四蕴能障碍对真理的认识，故名之。另，频伽精舍《大藏经》本“识”字下无小注，亦无“之”“蕴”二字。

㊻ **即**：频伽精舍《大藏经》另本作“则”。

㊼ **数**：频伽精舍《大藏经》另本作“所”。

㊽ **八万四千尘劳**：即指八万四千之烦恼。另，频伽精舍《大藏经》本无“四千”二字。

㊾ **中**：频伽精舍另本作“主”。

㊿ **有漏善恶**：漏即烦恼之异名，含有烦恼之事物谓之有漏。有漏的业因分善恶二种，五戒十善是善法；五逆十恶是恶法。有漏善法，招致有漏之人、天乐果；有漏之恶法，招致有漏之鬼、畜等苦报。

(51) **无我观智**：观一切诸法无我、无常的智慧。

(52) **我空真如**：即无我之真理，证悟到无我执的境界。

(53) **阿罗汉**：梵文 Arhān，为小乘佛教修习的最高果位。

⑭ **五识**：指眼、耳、鼻、舌、身等五识。此五识内依眼、耳、鼻、舌、身等五根而生，外以色、声、香、味、触等五境为缘，根境缺一不可，所以说其“阙缘不起”。这是说，五识是依赖内外因缘和合而成，是有待的。

⑮ **灭尽定**：梵文为 Nirodhasamāpatti，又名灭受想定。指灭尽六识，不再有心、心所对待的禅定。

⑯ **无想定**：非佛教之外道为证色界无想天果而修习的灭除一切心想的禅定。

⑰ **无想天**：指无想有情的众生所处的色界之天处。

译文

二、小乘教义认为，人的形骸与意识，从没有开端的久远时间以来，由于内因与外缘相互作用的缘故，忽生忽灭，前后相继不断，如同涓涓的流水，流注不断；又如同灯上的火焰，相续不灭。

人的身心的存在都是由地、水、风、火四大元素相互和合而成。从表面看，人的身心似乎可以永久存在，凡夫愚暗不觉，即认为自己的身心为一常住不变的实体，并执着不放，从而产生贪、瞋、痴等三毒。三毒熏发意识，发动身口，造一切业因，业因既已造成，果报也在所难逃。所以由不同的业因，而有天道之乐和地狱、饿鬼诸道之苦的分别；由相同的业因，而又产生欲界、色界和无色界等优劣不同的境界。对于所感业因而受得的身心，还要固执为实有的存在，从而再生起新的贪、瞋、痴三毒，又不断造业受报。有人身，则有生、老、病、死，死又复生；有境界，则有成、住、坏、空，空而复成。如此往复，轮回不穷，就像汲井轮一样，都是由于不能了解此身本来就不是实有的存在。既然此身不是实有的存在，所以才说它只不过是因色心的不同元素假合而成的一种幻相。

现在让我们来推敲分析，色有地、水、火、风之四大元素，心则有受、想、行、识之四种功能。如果这些都是实有的存在，那么就构成八种不同的实有。况且单就“地”这一元素中，就有众多不同的因子，所谓构成人身的三百六十段骨髓一一各别，其皮、毛、筋、肉、肝、心、脾、肾也互不相同。构成认识情感的不同，器官也各不相同，视见不同于听闻，喜乐之情不同于怨怒之感，以至于有八万四千种之多的不同烦恼。

既然有如此纷繁杂多的存在，不知哪一存在为实有的存在，若都是“我”这个实有的存在，那么实有的存在就有百千之众，一身之中，也就主宰纷乱，没有一个统一的实在。除了构成身心的众多元素之外，不再有别的现象存在。反复推寻“我”这一实有的存在时，却没有发现有自性可言，于是便可以领悟到，此身只是由众多的因缘假合而成的幻相，本来就没有实有我的存在。那么还为谁生贪瞋之情？为谁起杀盗之心和持守戒规？

因此不再把心系恋于三界之内的有漏善恶，通过观照一切现象都没有实性的智慧，断灭贪、瞋、痴等三毒，止息一切业因，证悟到无恶的真谛，以至于成就阿罗汉的证果。消除一切身心的活动，才能断灭一切苦恼。根据此教的教义，认为色心二法和贪、瞋、痴三毒，为一切生命存在及不同物质世界的根本。从过去到未来，不再有别的因素为根本。

现在对此教的教义进行诘难：如果说色之四大与心之四蕴，经生累世都为一切存在的根本，那么身心自体就应该永无间断，而五种意识如果不从其识根与所对之境界为条件，则不能产生。人的意识也会在某些特殊的状态下不发动起行。在无色界天，没有构成色法的四大元素的存在，那么色之四大元素又怎样能维持此身，永世而不断绝呢？据此可知，专习此教的人，也没有弄清楚此身存在的根本。

原典

三、大乘法相教者，说一切有情，无始以来，法尔[①]有八种识[②]，于中第八阿赖耶[③]，是其根本[④]。顿变根[⑤]、身，器界[⑥]种子[⑦]，转生七识[⑧]，皆能变现，自分所缘[⑨]，都无实法[⑩]。

如何变耶？谓我法分别熏习力故，诸识生时，变似我法[⑪]，第六七识，无明覆故，缘此执为实我实法[⑫]。如患重病心昏，见异色人物也。梦，梦想所见可知者，患梦力故，心似种种外境相现，梦时执为实有外物，寤来方知唯梦所变。

我身亦尔，唯识[⑬]所变，迷故执有我及诸境，由此起惑造业，生死无穷。广如前说[⑭]。悟解此理，方知我身唯识所变，识为身本。不了之义，如后[⑮]所破。

注释

① **法尔**：指自然而然，不假他之造作其法。

② **八种识**：指阿赖耶识、末那识、意识、眼识、耳识、鼻识、舌识、身识等八识。

③ **阿赖耶**：频伽精舍《大藏经》本作“阿赖耶识”，梵文为 Alaya，八识中之第八识，此识含藏一切事

物之种子，为外缘所熏而起现行，以组织通常说的“三界唯一心”之义。

④ **根本**：法相教阿赖耶识含藏一切事物的种子，是一切事物生成的最终依据，所以谓之“根本”。

⑤ **根**：梵文为 indriya，能生之义，增上之义，此指衍生各种识的力量，如衍生能见眼识的眼根，能闻耳识的耳根等。

⑥ **器界**：又叫器世界、器世间，指一切众生生存的国土器物世界。

⑦ **种子**：本指能生之义，在法相教指在阿赖耶识中生一切有漏无漏有为法的功能。

⑧ **七识**：此即指第七识，又名末那识。它是由第八识衍生，而下又能缘生第六识，为我法二执的根本。

⑨ **所缘**：与能缘相对应，心识为能缘，心识所对之境为所缘，亦即所缘为心识认识攀缘的对象。

⑩ **都无实法**：能缘之识与所缘之境均由识所变现，所以都没有自性的存在，只是现象而已。

⑪ **我法**：此指由六、七二识产生的，对假我执为实有的错误分别。

⑫ **实我实法**：执假我与一切现象为实有，此句义为，由于无明的原因，六、七二识横生计度，把虚幻的现象执为实有，而不了知都为阿赖耶识所变现。

⑬ **识**：此即指阿赖耶识。

⑭ **广如前说**：即指前文所说人天小乘中所谓善恶因果等，从大乘角度看，皆识所变，由于人天、小乘教不了解这一层，误为实有。

⑮ **后**：频伽精舍《大藏经》另本作“前”。

译文

三、大乘法相教认为，一切有情的存在，从没有开端的久远时间以来，自然而有八种识，其中第八阿赖耶识，是一切存在的根本。由阿赖耶识变现出能产生各种意识的识根、身体、一切众生生存的国土世界和种子，由这些种子，衍生出前七识。八识都具有衍生的能力，各自又都变现出自己所缘的境界之相。这些所缘的境界之相，既然是由识所变现出来，所以都是没有自性的虚幻假相。

八识是如何作用而辗转衍生出宇宙万物呢？法相教认为由于我法二执的熏习力，所以诸识生起时就变现出似我、似法的二相。第六、七两种意识，由于无明妄想覆盖的缘故，因而执持此似我、似法的二相为实存于外境的我法二相。这种情况就如同患病和做梦的人，由于患病做梦的缘故，感觉到类似于外在境界的种种相状，梦时还认为这一切都是真实的存在，醒来才知道，这一切都是梦幻所现，虚幻不实。

我们的存在也如同梦幻，都是由阿赖耶识不断变现而来。由于无明的迷妄，才产生一种错误的执见，以为是真实的存在，并因此而造作各种业因，使得此身在生死轮回中流转。如果能领悟到这一点，才能了知我们的一切存在，都是由阿赖耶识所变现而成，阿赖耶识成为一切存在的根源。

原典

四、大乘破相教[①]者，破前大小乘法相之执，密显[②]后真性[③]空寂之理。破相之谈，不唯诸部般若[④]遍在大乘经，前之三教[⑤]，依次先后，此教随执即破，无定时节。故龙树[⑥]立二种般若：一共[⑦]，二不共。共者，二乘同闻信解，破二乘法执故。不共者，唯菩萨解，密显佛性故。故天竺戒贤、智光[⑧]二论师，各立三时教，指此空教。或云在唯识法相之前，或云在后。今意取后。

将欲破之[⑨]，先诘之曰：所变之境既妄，能变之识岂真？若言一有一无者，此下部[⑩]将彼喻破之。则梦想与所见物应异，异则梦不是物，物不是梦，寤来梦灭，其物应在。

又，物若非梦，应是真物，梦若非物，以何为相？故知梦时则梦想、梦物，似能见、所见之殊，据理则同一虚妄，都无所有。诸识亦尔，以皆假托众缘，无自性故。

故《中观论》云：“未曾有一法，不从因缘生，是故一切法，无不是空[11]者。”又云：“因缘所生法，我说即是空。”《起信论》云：“一切诸法，唯依妄念[12]而有差别；若离心念，即无一切境界[13]之相。”经云：“凡所有相，皆是虚妄，离一切相，即名诸佛。”如此等文，遍大乘藏。

是知心境皆空，方是大乘实理。若约此原身，身元是空，空即是本。

今复结[14]此教曰：若心境皆无，知无者谁？又若都无实法，依何现诸虚妄？且现见世间虚妄之物，未有不依实法[15]而能起者，如无湿性不变之水，何有虚妄假相之波[16]；若无净明不变之镜，何有种种虚假之影？又，前说梦想、梦境同虚妄者[17]，诚如所言，然此虚妄之梦，必依[18]睡眠之人，今既心境皆空，未审依何妄现？

故知此教但破执情，亦未明显真灵之性[19]。故《法鼓经》云：“一切空经，是有余说。”有余者，余[20]义未了也。《大品经》云：“空是大乘之初门。”

上之四教，展转相望，前浅后深，若且习之，自知未了，名之为浅，若执为了[21]，即名为偏，故就习人，云偏浅也。

注释

①**破相教**：即指大乘般若空宗理论，此教认为凡一切相都是虚妄，主张破除诸法定相的执着，故名之为“破相教”。

②**密显**：即佛教所谓的“遮诠法”，意指不直说、明说。

③**真性**：即佛性。

④**般若**：梵文Prajñā之音译，又有译班若、波若、钵若等，指了知一切诸法实相的最高智慧。在此专指般若经类，即有关般若波罗蜜教理的经典总称。

⑤**前之三教**：此指上文之人天教、小乘教与大乘法相教。

⑥**龙树**：梵文Nāgārjuna，佛灭度后七百年出生于印度南天竺的著名菩萨。他是大乘般若空宗理论的实际创立者，为密显二教尊奉为八宗之祖师。关于其主要事迹，汉译藏经中有《龙树传》。

⑦“一共”二字后，频伽精舍《大藏经》另本有“般若”二字。在此分别指共与不共二种般若。宗密在

此借用中国天台宗的讲法。所谓共般若，即天台宗判教体系中的“通教”，此般若通声闻、缘觉与菩萨三乘，即三乘都共修此般若以证悟，故名之为共般若；不共般若，相当天台宗判教体系中的“别、圆二教”，因此般若只对别、圆二教的菩萨而说，不对声闻、缘觉之众说，故名为不共般若。

⑧ **戒贤、智光**：印度六世纪左右，那烂陀寺二位著名的佛教论师。关于他们二人的佛教论点，唐代华严宗祖师法藏，在《大乘起信论义记》一书中有记载。戒贤继承弥勒、无着的唯识法相系，以法相教为大乘究竟义，认为佛初时讲阿含等有教，第二时说般若等空教，第三时才说唯识法相不空不有之中道教。智光则以弘传龙树、提婆的空宗为己任，也把佛说法判为三时教，不过他以大乘空宗为究竟义，故把真空教列为佛第三时所说，以表明高于法相教。所以后文中“或云在唯识法相之前”，是指戒贤之说；而“或云在后”，即指智光之说，宗密承袭智光之说。

⑨ **破之**：此指以大乘空宗的破相理论，来破法相教义。

⑩“下部”二字后，频伽精舍《大藏经》本均有一“却”字。

⑪ **空**：梵文 Śūnyatā，佛教常用的哲学概念。空，

不是指空无，而是指一切存在都假因缘和合而成；是有待条件的存在，所以其究竟是没有自性，没有实体的一种虚假的存在，空即是指一种相对性和不真空性。

⑫ **妄念**：指虚妄不实的心理活动。

⑬ **境界**：指依主观妄念活动而变现出的色、声、香、味、触、法等六种认识和行为对象。

⑭ **结**：频伽精舍《大藏经》本均作“诘”。

⑮ **实法**：按宗密的理论，即指本觉真性。

⑯ 此水波之喻文，意出《大乘起信论》。《起信论》以水波的一体不二性，来说明本觉真性与不觉的关系，这里转用以说明真性与假相如水与波，不能截然二分，而是一体（湿性）之二种形态。

⑰ **同虚妄者**：频伽精舍《大藏经》另本无此四字。

⑱ **依**：频伽精舍《大藏经》另本作“因”。

⑲ **真灵之性**：即本觉之性。

⑳ **介**：频伽精舍《大藏经》另本无此字。

㉑ **了**：此指了义教。

译文

四、大乘破相教，破除上述大小乘各教，包括法相教的执着，以遮诠方法，显示真如佛性本来空寂的大乘教理。

其破除法相教教义时，首先对之诘难：由各种意识所变现出的境相既然虚幻不实，那么能变现这些境相的各种意识又怎么可以是真实的存在？如果说各种意识为真实的存在，而其所变现的境相为虚幻之物，那么梦想与梦想所见之境相就理应有所不同，有所不同则梦想不是境相之物，境相之物也不是梦想，当醒来梦想断灭时，其所梦的境相之物理应尚在。

再则，境相之物如果不是梦想，就应该是真实的存在；梦想如果不是境相之物，又以什么作为自己所梦的对象？据此可知，做梦时，梦想与所梦之物，似乎有能见的梦想与所见的境相的不同，实际上，二者都虚妄不实，都是没有自性的存在。法相教所谓的各种意识也是如此，都是各种因缘假合而成，所以都是没有自性的幻相。

因此《中观论》上说："没有一种存在，不是由因缘假合而成，所以一切存在，从本质上说，都是空。"又说："一切存在，既然是由因缘假合而成，所以我说即是空。"《大乘起信论》中也说："一切存在，都是由于有了妄念，才产生出各自不同的分别，如果能远离妄念的烦扰，就不会出现任何境界的相状。"《金刚经》上说："凡是一切有相状的存在，都是虚妄不实的，远离一切相状，即名之为佛。”

据此可以了知，只有做到心境两空，才是大乘佛法的根本教义。如果凭借这种教义来究竟一切存在的根本，那么一切存在本来是空，空即是一切存在的根本。

现在，我们再对大乘破相教的教义进行诘难：如果说能缘的意识和所缘的境相都没有实性，本来是空，那么又有谁能作为主体，来了知大乘空教的教义呢？再则，如果说能缘的意识与所缘的境相都不是真实的存在，那么虚妄的现象又是从何而生？而且从现在所耳闻目见的一切世间——所谓虚妄的存在，不可能不依靠某种真实的存在而生起。如果说没有具有湿性的真实水体，哪里还有虚妄假相的水波存在？如果没有明净实在的镜子，那里还有种种虚幻的影相存在？即如上面说的梦想与所梦境相都是虚妄不实的假有，所说虽然不错，但此虚妄之梦，也必须端赖于某个睡眠的人才可能生起。现在如果说心境两空，那么不知道梦想与所梦境相又是依凭什么而幻现？

据此我们可以知道，此种教义只是破除各种执着之心，并没有明确表述真如佛性的本义，因此《法鼓经》上说：“一切说空的经典，都不是究竟的教义，应该还有余义可说。”《大品经》中也说：“空义只是大乘教的初步教理。”

上述四种教义，前后相望，由浅入深，如果修习这些教理，还不是究竟的大乘之法，所以从这一角度，我们把上述四教名之为“浅教”。如果把它们的执着认为是究竟的法理，则是偏颇之心，所以就修习的人而言，又说它们是偏浅之教。

4　直接显示一切存在的真源——指了知佛教教义的实教

原典

直显真源第三[1]佛[2]了义实教

五、一乘显性教[3]者，说一切有情，皆有本觉真心[4]，无始以来，常住清净，昭昭不昧，了了常知，亦名佛性，亦名如来藏[5]。从无始际，妄想翳[6]之，不自觉知，但认凡质，故耽着结业，受生死苦。大觉愍之，说一切皆空，又开示灵觉真心清净，全同诸佛。

故《华严经》云："佛子，无一众生而不具有如来智慧，但以妄想执着而不证得。若离妄想，一切智[7]、自然智[8]、无碍智[9]即得现前。"便举一尘含大千经卷[10]

之喻，尘况众生，经况佛智。

次后又云："尔时如来普观法界[11]一切众生，而作是言：奇哉！奇哉！此诸众生，云何具有如来智慧，迷惑不见？我当教以圣道，令其永离妄想，自于身中得见如来广大智慧，与佛无异。"

评曰：我等多劫，未遇真宗[12]，不解返自原身，但执虚妄之相，甘认凡下，或畜或人，今约至教原之，方觉本来是佛。故须行依佛行，心契佛心，返本还源，断除凡习，损之又损，以至无为[13]。自然应用恒沙[14]，名之曰佛，当知迷悟同一真心[15]。大哉妙门！原人至此。然佛说前五教，或渐或顿，若有中下之机[16]，则从浅至深，渐渐诱接。先说初教[17]，令离恶住善[18]，次说二三[19]，令离染住净；后说[20]四五[21]，破相显性，会权归实，依实教修，乃至成佛。若上上根智，则从本至末[22]。谓初便依第五[23]，顿指一真心体[24]。心体既显，自觉一切皆是虚妄，本来空寂[25]，但以迷故，托真而起[26]，须以悟真之智，断恶修善[27]，息[28]妄归真，妄尽真圆，是名法身佛[29]。

注释

①"第三"二字，频伽精舍《大藏经》另本无，并

在“直”字前有“三”字。

② 频伽精舍《大藏经》另本在“佛”字前，有一“习”字。

③ **一乘显性教**：又称真常教或法性宗，其宗旨是主张真如缘起说。

④ **本觉真心**：本觉，取之《大乘起信论》，为中国佛学特有的概念。其义指众生心体，自性清净，离一切妄想，有灵明觉知之性，非假修习而成，是众生本来固有的性德，故称之为本觉。真心，即真常之心，亦即佛性。

⑤ **如来藏**：梵文为Tathāgata-garbha，义指真如在烦恼中，为烦恼所覆盖，虽处染地，却涵有一切如来的无量功德。

⑥ **翳**：即障蔽之义。

⑦ **一切智**：佛智之名，喻知了一切现象。

⑧ **自然智**：不借功用，自然而生的佛智慧。

⑨ **无碍智**：指佛智能通达自在，无所不照。

⑩ **一尘含大千经卷**：此喻引自《华严经》中偈颂，其偈云：“如有大经卷，量等三千界，在于一尘内，一切尘悉然，有一聪慧人，净眼悉明现，破尘出经卷，普饶益众生。”其中大经卷，喻佛智无边，性德圆满；一尘，喻每一众生，此义即为，一切众生心中，都有圆满的如来智慧。

⑪ **法界**：梵文为 Dharmadhātu，其义有多种，一就“事”等现象界而言，总该万有，亦谓之一法界；二约“理”而言，则专指真如法性、实相、实际等。在此取第一义，泛指所有现象世界、国土。

⑫ **真宗**：即指华严一乘性教。

⑬ **损之又损，以至无为**：语出老子《道德经》，其云：“为学日益，为道日损，损之又损，以至于无为。”此意指不断灭尽凡习，以返回到本有的，如如不动的真如之性。

⑭ **自然应用恒沙**：恒沙，梵文 Gangā-nad-Vāluka，指恒河沙数，以譬喻数量之多。此句显佛智之妙用，意为若能断灭凡习，达到无为的佛境，就可以随一切不同情况而自然化用，无所障碍。

⑮ **迷悟同一真心**：迷与悟，若就人而言，迷时名为众生，悟时名为佛；但就迷与悟的本性而言，都是同一真如法性，只是自觉不自觉而已，故谓之同一真心。

⑯ **中下之机**：机，指根器，中机之人，不由人天教，而是从小乘教或法相教悟入显性一乘教；下机之人，则先从人天教，次入小乘，渐渐经历才能悟入第五显性教。

⑰ **初教**：即人天教。

⑱ **离恶住善**：指修习五戒十善，远离三恶趣，生

住于人、天之乐。

⑲ **二三**：分别指上文之小乘教与大乘法相教。

⑳ **说**：频伽精舍《大藏经》另本作“谈”。

㉑ **四五**：分别指上文之大乘破相教与一乘显性教。

㉒ **从本至末**：指先以一乘显性教为修习根本，然后渐次乃至人天教为末。

㉓ **第五**：即指一乘显性教。

㉔ **顿指一真心体**：指一乘显性教顿悟本心清净，灵明觉知的修习方式。

㉕ **本来空寂**：指破相教悟空的修习方式。

㉖ **托真而起**：指法相教主张一切能变所变，都以真如自性为依的理论。

㉗ **断恶修善**：指小乘教与人天之教的五戒十善等修习方式。

㉘“息”字前，频伽精舍《大藏经》本有“修善”二字。

㉙ **法身佛**：法、报、化三身佛之一。法身指法性之体，法性有灵明觉知之德，故名为佛。

译文

五、一乘显性教认为，一切有情之物，本来都有灵明通达，非假修成的觉知之性，从没有开端的时间以来，始终清净，灵明不昧，无所不知，可以称之为佛性，也可以称之为如来藏。从无始久远的时间，无明的妄想障蔽其觉性，众生由于不能了解这一点，还以为自己平庸凡俗，于是不断沉沦，造作种种业因，受生死轮回的痛苦。佛陀怜悯众生不自觉知本有的灵明之性，沉沦于生死苦海，所以对他们说，一切存在都是因缘假合而有，没有自性；又说本有的觉知之性，灵明清净，与佛无二。

因此《华严经》上说："佛子，你们当中没有一位众生而不具有如来一样的智慧，只是由于你们执着于无明的妄想，才不能证悟本有的灵明智慧，如果你们能远离妄想，就能获得像佛陀一样无所不知，自然运生而又通达自在的无上妙智。"佛陀又以一微尘含大千佛经的譬喻，来说明每一个众生心中都有圆满的如来智慧。一微尘，此喻众生；而经卷，则喻佛智。

次后接着佛陀又说："当时如来普观一切众生，说过这样一番话：奇怪呀！奇怪呀！为何一切众生，本来具有如来的无上智慧，却愚钝迷惑不能证见？我应当以无上的神圣教义，劝化他们，使他们永远脱离无明的妄想，于自身中证悟本有的、广大无边的无上智慧，成就佛果。"

我对此加以发挥评论说：我们这些众生，在生死中已轮回很多的时间，始终未能遇到真正解脱的大乘法理，不了解只有通过返观自求，在自身内去发现一切存在的究竟根源。只是执着在虚假不实的幻相上面，甘认自己为凡愚之辈，向下沉沦。或流转为畜牲，或再转生为人。只有从最究竟的大乘法理来穷究一切存在的根源，才能了知，一切有情众生，本来具有无上佛智，所以必须以佛的行为来要求规范自己，以佛的意识来培养契合自己，使自己重新证得本有的妙明觉性，断除凡愚的习气，不断修习，以至于证得无为的妙境，从而能够自然化用，利乐有情，圆通无碍。我们称证得这种境界的众生为佛。应当了解，迷惑与开悟，都是渊源于同一个妙明的真如法性。多么伟大的真心！它是衍生一切的根源。能证悟到这个地步，我们才算真正穷究了一切存在的根源。

5　会通本末各教

原典

会通本末[1]第四[2]会前所斥，同[3]归一源，皆为正义。

真性虽为身本，生起盖有因由[4]，不可无端忽成身相，但缘前宗未了，所以节节斥之，今将本末会通，乃至儒道亦是。初唯第五性教所说，从后段已去节级，方同诸教，各如注说。

谓初唯一真灵性，不生不灭，不增不减，不变不易。众生无始迷睡，不自觉知，由隐覆故，名如来藏，依如来藏故，有生灭心相[5]。自此方是第四教，亦同破此已[6]生灭诸相。所谓不生灭[7]真心[8]，与生灭妄想和合[9]，非一非异[10]，名为阿赖耶识[11]。

此识有觉[12]不觉二义。此下方是第三，法相教中，亦同所说。依不觉故，最初动念，名为业相[13]。又不觉此念本无故，转成[14]能见之识[15]，及所见境界相[16]现。又不觉此境从[17]自心妄现，执为定有，名为法执[18]。此下方是第二，小乘教中，亦同所说。执此等故，遂见自他之殊，便成我执[19]。执我相故，贪爱顺情诸境，欲以润我[20]，瞋嫌违情诸境，恐相损恼。愚痴之情，展转增长。此下方是第一，人天教中，亦同所说。故杀盗等，心神乘此恶业，生于地狱鬼畜等中。

复有怖此苦者，或性善者，行施戒等，心神乘此善业，运于中阴[21]，入母胎中。此下方是儒道二教，亦同所说。禀气受质。会彼所说，以气为本。气则顿具四大[22]，渐成诸根，心则顿具四蕴[23]，渐成诸识，十月满足，生来名人，即我等今者身心是也。故知身心各有其本，二类和合方成一人，天[24]、修罗[25]等大同于此。

然虽因引业[26]受得此身，复由满业[27]故，贵贱贫富、寿夭病健、盛衰苦乐。谓前生敬慢为因，今感贵贱之果，乃至仁寿杀夭，施富悭贫，种种别报，不可具述。是以此身，或有无恶自祸、无善自福、不仁而寿、不杀而夭等者，皆是前生满业已定，故今世不同[28]所作，自然如[29]然。

外学者不知前世，但据目睹，唯执自然[30]。会彼所说，自然为本。复有前生少者[31]修善，老而造恶，或少恶老善，故今世少小富贵而乐，老大贫贱而苦，或少贫苦老富贵等故，外学者不知[32]，唯执否泰[33]由于时运。会彼所说[34]，皆由天命。

然所禀之气，展转推本，即混一之元气也；所起之心，展转穷源，即真一之灵心也。究实言之，心外的无别法，元气亦从心之所变，属前转识[35]所现之境，是阿赖耶相分[36]所摄，从初一念业相，分为心境[37]之二。

心既从细至粗，展转妄计[38]，乃至造业，如前叙列。境亦从微至着，展转变起，乃至天地。即彼始自太易，五重运转[39]乃至太极，太极生两仪。彼说自然大道[40]，如此说真性，其实但是一念能变见分[41]。彼云元气，如此一念初动，其实但是境界之相。业既成熟，即从父母禀受二气，与[42]业识和合，成就人身。据此，则心识所变之境乃成二分，一分即[43]与心识和合成人，一分不与心识和合，即是[44]天地山河国邑。三才者[45]，唯人灵者，由与心神合也。佛说内四大与外四大不同，正是此也。哀哉寡学，异执纷然！

寄语道流，欲成佛者，必须洞明粗细本末，方能弃末归本，返照心源。粗尽细除，灵性显现，无法不达，名法报身[46]，应[47]现无穷，名化身佛[48]。

注释

① **本末**：本，指一乘显性教；末，指人天、小乘、法相、破相等四教及儒、道二教。

②“第四”二字，频伽精舍《大藏经》另本无，并在“会”字前有一“四”字。

③ **同**：频伽精舍《大藏经》本作“目”。

④ **因由**：此指八识等外缘。真如本性，假八识等缘，才能生起万物，如水缘风，才翻起波浪。

⑤ **生灭心相**：出自《大乘起信论》心真如相与心生灭因缘相。生灭心相，指众生心中，染净对待，觉与不觉相融的方面，与心真如相单纯地指众生心中永恒不变的方面不同。

⑥“已”字后，频伽精舍《大藏经》另本有一“前”字，另“相”字后，上本有一“也”字。

⑦“灭”字前，频伽精舍《大藏经》另本有一“不”字。

⑧ **不生灭真心**：即指众生心中永恒不变的真如相。

⑨ **和合**：指众生心中真心与妄想，净与染，觉与不觉融合在一起。

⑩ **非一非异**：非一，指真心虽与妄想和合在一起，而其真性恒常不变，与有生有灭的妄想不同；非异，指真心与妄想和合，随缘而动，与生灭无异。非一非异，

指真心一体具有二面的特质。

⑪ **阿赖耶识**：梵文为Alaya-Vijñāna，又译为藏识、阿黎耶识、无没识等。关于此识，佛家诸说有不同的理解与界定，在此指染净和合，真妄和合的复合识。

⑫ **觉**：梵文为bodhi，又译为菩提。有觉察与觉悟二义。觉察即察知恶事，觉悟即悟入真理。由于阿赖耶识具有真与妄和合的双重性，所以衍生出觉与不觉二义。

⑬ **业相**：义取《大乘起信论》中之三种细相之一，又名“无明业相”。业，即动作之义，凡心初动，名为业相。

⑭ **成**：频伽精舍《大藏经》另本作“似”。

⑮ **能见之识**：即《大乘起信论》三种细相中的“能见相”，亦名转相，转识。泛指主观的认识能力。

⑯ **境界相**：义取《大乘起信论》中三种细相之一，指由主观认识能力所变现的境土。其又名现相，现识，与唯识法相宗所说的识之自体分所现的相分相同。

⑰“从”字前，频伽精舍《大藏经》另本有一“但”字。

⑱ **法执**：佛教所谓二执之一，指不明五蕴等法是由因缘而生，如幻如化，固执其有实性。佛教认为，一切所知障都从此法执而产生。

⑲ **我执**：与法执构成佛教所谓二执。又名人执，由五蕴假和而有见闻觉知之作用，固执其中有一主宰之

我，与他人不同，谓之我执。

⑳ **我**：频伽精舍《大藏经》另本作“之”。

㉑ **中阴**：又名中有；谓死有之后，生有之前，中间所有五阴之身。

㉒ **四大**：指所禀气中，有地、水、火、风四大元素，这四大元素是构成一切现象的基础。

㉓ **四蕴**：指受、想、行、识是属于心法所构成的。

㉔ **天**：指天人。

㉕ **修罗**：又名阿修罗，梵文asura，六道众生之一，此众生以好战好斗为特性。

㉖ **引业**：指人间一生中所造善、恶、邪、正种种之业，其中最为主要者，叫引业，其招引来世成鬼、畜、人、天等不同果报。

㉗ **满业**：又名别业，指每一众生所造的各自不同的业因，其招引每一众生各自差别的果报。

㉘ **同**：频伽精舍《大藏经》另本作“因”。

㉙ **如**：频伽精舍《大藏经》另本作“而”。

㉚ **自然**：此指道教学说，以自然为本。

㉛ **者**：频伽精舍《大藏经》另本作“时”。

㉜ **者不知**：此三字，频伽精舍《大藏经》另本无此字。

㉝ **否泰**：《周易》中的二卦名，否，阻塞之义，指

天地不交，阴阳闭塞，以喻时运困穷；泰，通达之义，指天地交接，万物通生，以喻时运通达。

㉞ **说**：频伽精舍《大藏经》本作“证”。

㉟ **转识**：即上文中之“能见之识”。

㊱ **相分**：阿赖耶识内分见分与相分，此中相分，即属前境界相。

㊲ **心境**：分别指能见相与境见相。

㊳ **妄计**：义取《大乘起信论》“计名字相”，指以妄念推度，假立名称、概念之相。

㊴ **五重运转**：即《周易钩命诀》中的太易、太初、太始、太素、太极。

㊵ **彼说自然大道**：“大”，频伽精舍《大藏经》本作“太”。彼说自然大道，即指道教学说。

㊶ **能变见分**：即上文中的能见之识或能见相。

㊷“与”字前，频伽精舍《大藏经》另本有“气”字。

㊸ **即**：频伽精舍《大藏经》另本无此字。

㊹ **是**：频伽精舍《大藏经》本作“成”。

㊺ **者**：频伽精舍《大藏经》本均作“中”。

㊻ **报身**：梵文 Saṃbhogākāya，又译受用身，佛三身之一，指修习到高阶段而能受用的佛身，既包括佛自身，又包括对八地菩萨相应现的佛身。

㊼“应”字前，频伽精舍《大藏经》另本有“自

然”二字。

㊽**化身佛：**梵文为Nirmāṇa-kāya，又译为应身，指佛三身之一。指佛为度脱六道众生而应机显现的不同身相。

译文

真如法性虽然为一切存在的根本，但它也要假借一定的因缘，才能生起万物，不可能无缘无故地忽然生成万有幻相。只是由于上述各宗教理，都未能穷源至委，所以本论分成若干节，以便对之加以一一检斥。现在将各宗教义，无论究竟或不究竟，以至于儒、道二教之义，加以融会贯通。

所谓最初只有一个真实灵明的觉知之性，是不生不灭，不增不减，不变不易。众生从无始久远的时间以来，就沉沦于无明妄念之中，自己还不觉知。由是这种觉知之性，为无明妄念所隐盖，可以称之为如来藏。依此如来藏，而产生出有生有灭，迷妄不觉的意识幻相。这样一方面是不生不灭的灵明觉性，另一方面是有生有灭、迷妄不觉的无明妄想，二者融为一体，既不全同又不全异，构成所谓的阿赖耶识。

由于阿赖耶识具有灵明觉知与无明妄想的双重属

性，因而此识便有觉与不觉两个方面。由于不觉的一面，促使凡心初动，可称之为“业相”。又由于不能觉察此动念本无自性，于是又转生出具有能见功能的各种意识，及由这些心意活动所变现的境界幻相。又由于不能觉察此境界幻相，是从主观心识活动中变现出来，因而执着其为实有的存在，从而产生所谓的“法执”。由于不断执着于“法执”，又产生出我与他不同的分别意识，这就是所谓的“我执”。因为“我执”的缘故，对于一切顺意合情的境况，就加以贪恋爱着，想自身得益；而对于一切不顺情的境况，则生起瞋怒之心，恐其伤害自己。愚妄不觉的意识，随着这种“我执”而不断地增长，从而产生杀、盗之心，由此恶业，而使其灵魂死后转生于地狱、饿鬼及畜牲等恶报之中。

也有恐怖转生于三恶报应痛苦的人，或者本性善良，在行动上乐于布施、持戒的人，由其善业的缘故，使其灵魂死后运作于中阴，待机缘成熟，进入母胎之中，禀承父母的气质。所禀之气，一时间便具有地、水、火、风等四大元素，由此四大元素，逐渐形成人体的各种根芽；心也一瞬间具备构成认识活动的四种潜质，由此而逐渐形成各种心意的认识活动，经过十个月的怀胎，具备人形，转生为人，也就是我们现在的这个身心。从这些可以发现，人的身与心各有不同的根源，身心结合才构成一个完整的人，天人与阿修罗等界的众生，也大体类似这样。

然而，尽管我们这个人身，是由前世的主要业因招引而成，但由于每个众生前世所造的满业不尽相同，因而也就产生现世贵贱贫富、寿夭病健、盛衰苦乐等不同与差别。所谓由前世谦敬与傲慢的不同业因，导致今生位贵与位贱的不同果报，乃至于今生或仁慈、长寿，或凶残、短命；或好施富足，或悭吝贫穷等种种不同的果报。这些因果报应，难于一一具陈。所以今生今世，有人无罪无恶却引祸致害，有人无善无德却享尽福荫；有人无仁义之心却延年益寿，有人并无杀害行为却短命夭折，如此等等，都是由前世各自不同的业因所注定的。因此今生今世，虽然没有造作种种业因，也由于前世的业因而自然受报。

外教学者，由于不能了知前世的业因的变化，只是依据目前所看到的果报，以为现世的一切，都是自然造就而成。也有的人，由于前世少年时修持善因，到老年却造就恶业；或有少年时造恶，老年时行善，从而使到今世少年时富贵、快乐，到老时却贫贱、困苦；或少年时贫贱、困苦，老年时富贵、快乐等。外教学者，不知现世的一切境遇都为前世业因所定，因而误以为是此生时运的好坏所决定。

我们禀承的气质，辗转上推，究其根本，即归属于混沌未分的元气；而我们的心意活动，辗转上推，穷其根源，即是妙明的本觉真心。从根本上说，妙明真心之外，的确不再有任何真实存在的现象，混元之气也只不过是从妙明真心中变化生成而来，系属于上述“转识”所变现的境界相范围，即是系属于阿赖耶识中的境界相。由无明妄念而使凡心初动，幻起造业之相，此相又可析分为主观的认识功能和由此幻现的境界相状。

妙明真心由于不断受到无明妄念的秽染，其受染的程度也由细微发展为粗显，形成各种变化的起因，以至衍生出上天与大地。无明妄念造作的业因，一旦机缘成熟，就从父母那里禀受阴阳二气，并与各种意识相结合，产生具有思虑觉知的人。以此，心识所变化的境界有二部分，一部分就和心识合成为人，另一部分不与心识结合，构成天、地、山河、国土等自然界。在天、地、人三才之中，只有人最为灵明，这是因为人可与心识相结合。佛教说的色之四大与心之四蕴的不同也正是这样。可惜人们学识浅陋，遂使异端的错误偏执纷然杂陈！

我寄语于修习正法的同道，要想成就佛果，必须洞察与明了万有产生的粗细源流。只有荡涤心中各种粗细的无明妄念，才能彰显本性灵明的觉知性德，做到圆融无碍，无不能为，成就法身、报身佛，并能随机感应，显示出无穷化身，证成化身佛。

源
流

宗密撰写《原人论》，归结到会通三教的圆融思想。佛教传入中国后，为要适应中国国情，与中国传统儒、道两家思想和教义上虽有分歧，但为着佛教自身的发展，对此需要加以调和、会通。这种思想早在东汉末到三国时期已经出现。如相传牟子写的《牟子理惑论》，还有康僧会编译的《六度集经》，特别在会通儒学教义，成为《原人论》思想来源的一面。

《牟子》书中带有序传性质的第一章，其中说到牟子的经历及其学术思想的形成背景。对牟子家世及生卒时间都没有记载，只提到他二十六岁时“归苍梧娶妻”，据考察约在东汉献帝兴平二年（公元一九五年）。在此之前，他曾带着母亲避乱到交趾。“是时灵帝崩后，天下扰乱，独交州差安”。东汉末年，中原发生战祸，地处岭南的交州，社会相对稳定，牟子思想是在战乱的历史条件下形成的。

牟子从青年时起，就爱好读书，“书无大小，靡不好之”。归苍梧娶妻时，地方官也称他“博学多识”。但他却“志精于学，又见世乱，无仕宦意”，没有做官的意愿。他既认为乱世“非显己之秋”，不是自身扬名的时候，于是转而欣赏老子那种“绝圣弃智，修身保真”的处世态度。由此他“锐志于佛道”，却从而引起有些“世俗之徒”的不满，认为他是背叛“《五经》而向异道”。他为要辩解这个问题，才写出《牟子理惑论》这部著作。

当时有些人为要攻击佛教，引用《孝经》中所说：“身体发肤，受之父母，不敢毁伤。”而今则“沙门剃头”，是有“违圣人之语，不合孝子之道”。牟子为之辩解说：“苟有大德，不拘于小，沙门捐家财、弃妻子、不听音，不视色，可谓让之至也，何违圣语，不合孝乎？”[①]牟子认为有大德可以不拘小节，出家人捐弃家财、妻子，只是“剃除须发”的小事，怎能说是违圣不孝呢？

由于世俗之人有的攻击佛教违反中国传统的道德伦理，牟子对此也加以会通。他一面讲“人道法五常”，认为佛教徒也遵守以仁、义、礼、智、信作为人生行事的准则。至于佛教所讲因果报应以至劝善惩恶的说教，与儒家的伦理规范也是一致的，同样有益于世道人心。他指出："尧、舜、周、孔修世事也，佛与老子无为志也。"儒家入世以治国为业，佛、老出世以无为为志，用世态度可以各有不同，但能做到"不溢其情，不淫其性"，在性情操守方面不失其度，即使在"所用"上存有差别，"何弃之有乎"[②]？怎能说佛、老就背离周、孔之道呢？

比牟子稍后，会通佛教与儒家思想的还有康僧会。僧会的先世是康居人，他的父亲因经商移居交趾。当他十多岁时父母双亡，"以至性奉孝，服毕出家，励行甚峻"[③]。看来僧会先是个孝子，出家后成为虔诚的佛教徒。

关于康僧会的活动情况，《高僧传》说他在孙吴赤乌十年（公元二四七年）初至建业（今南京），《广弘明集》则作四年（公年二四一年），据说孙权为之立建初寺，江南佛法大兴。僧会卒于晋太康元年（公元二八〇年），当年吴亡。

康僧会编译的《六度集经》，是采取菩萨本行的故事，寓以佛教的大乘思想。僧会是用这些佛教故事，来会通儒家思想。如讲《六度集经·摩调王经》中"南王"的故事，说他不愿居留天国，却志在人世间，"教化愚冥，灭众邪心”。并借南王之口，说要“教吾子孙，以佛明法，正心治国”[④]。以佛法治国，是佛儒思想会通的一例。

康僧会在《六度集经》中，还提出作为佛教仁道政治的要求：“则天行仁，无残民命；无苟食，困黎庶；尊老若亲，爱民若子；慎修佛戒，守道以死。”[⑤]这是将儒家仁政的要求，作为佛家的戒律加以遵守。佛教本来有“五戒”，僧会却加以引申和与儒家思想会通。如“不盗”进而要求能“捐己济众”、“富者济贫”。“不杀”还要“恩及群生”和“爱活众生”。其至“不酒”这条戒律中加上“尽孝”的内容。僧会这样比附，就是用佛教的戒律来会通儒学对社会的教化作用。

综观牟子和康僧会，都致力于调和儒、佛两家的思想。值得注意的是，他们早年都是接受儒家思想的教养，或本身是个孝子，后来虽归依佛门，但仍肯定儒家的道德伦理及其对社会人生的教化作用。因此他们都着眼于将佛教的戒律与儒家的教义加以会通，对这一点宗密在思想上也是接受的。如在《原人论》中，他也承认“佛且类世五常之教，令持五戒”。认为“天竺世教”，即指佛教与儒家“仪式虽殊，惩恶劝善无别，亦不离仁义等五常，而有德可修”。对“五戒”的解释，则称“不杀是仁，不盗是义，不邪淫是礼，不妄语是信，不饮酒噉肉，神气清洁，益于智也”。这样佛教的五戒与儒家的五常做到完全对应，因此宗密在《原人论》中承认“孔、老、释迦皆是至圣”，这三教教主都是圣人，虽然各家教义“殊途”而有所不同，但“内外相资”，内教与外教互相配合，“共利群庶”，大家都对广大人民群众有利。从牟子、康僧会到宗密所以主张会通三教，都是为要达到拯救万众生灵的目的。

不过牟子与康僧会等人的会通儒、佛，只是一种低层次即表面的比附，宗密虽接受这种思想，却是放在“偏浅”类中叙述，是属于否定中的肯定。宗密虽主张会通三教，但不是三家平起平坐，而是有本末之分，佛教是本，儒、道是末，会通本末就是以本统末，是在更深层次上做到三教圆融。

宗密为要从深层次上会通本末，于是采取华严宗的判教形式。在华严宗的早期著述中，被追推为初祖的杜顺（公元五五七—六四〇年），相传他著有《华严五教止观》和《华严法界观门》，在这两部著作中，已包含有华严宗最初的判教说和法界圆融的思想。如在《华严五教止观》中，把止观（定慧）分为五类，即依据佛教各种经论中不同的教义，经过评判从低级到高级依层次区分：一、法有我无门（小乘教）；二、生即无生门（大乘始教）；三、事理圆融门（大乘终教）；四、语观双绝门（大乘顿教）；五、华严三昧门（大乘圆教）。这种按层次高低的分类，后来经过智俨和法藏的发挥，到法藏才完全决定下来，并把当时各宗派分别判入上述各教，而把华严宗抬到一乘圆教的最高地位。

宗密撰写的《原人论》也是一种判教，他提出的五教说，一方面杜顺、法藏的判教理论是他的思想源头，但五教的具体内容又与其前辈不同，而是作了修正和调整，使高低的层次更加清楚。他在小乘教之前加上人天教，作为佛教初入门者的归类。小乘教之后将大乘始教和终教变换成明确的大乘法相教（即大乘有宗）和大乘破相教（即大乘空宗）。而第五最高的一等，法藏所判一乘圆教是专指华严宗而言，而宗密所称的一乘显性教，实际上则是合华严与禅宗为一。对华严教义可以说是从发展中提高。

还要指出一点，华严宗的判教，从杜顺到法藏只是对佛教内部各宗派的评判，而宗密的《原人论》却推广到教外的儒、道，这种三教圆融思想，比较华严宗单纯的一乘圆教当然更是提高一步。

宗密会通禅教和会通儒、道的思想，流风所及，对后世亦产生一定影响，如五代时法眼宗僧人永明延寿（公元九〇四—九七五年），编写有《宗镜录》，讲心与法界等同，这就是对宗密禅教合一（华严宗与禅宗相融合）思想的发挥。此外对会通三教，承认三教融合于一心。稍后宋代的契嵩（公元一〇〇七——〇七二年），也强调三教在教化方面的共同作用，都是教导人为善，自是以后，三教合一成为佛教发展的一大趋势。

注释：

①《牟子理惑论》第九章。

②《牟子理惑论》第十一章。

③《高僧传》卷一。

④《明度无极章》《六度集经》卷八其中一则《南王本生》。

⑤《戒度无极章》《六度集经》卷四其中一则。

解说

佛教传入中国后，发展到唐代进入鼎盛时期，由于对佛教诸经论的教义及佛性学说的解释各有不同，形成佛教内部各家宗派。其中华严宗提倡圆融无碍的思想。该宗实际开创者法藏（公元六四三—七一二年），为要把自己的宗派放在佛教中的最高地位，他发挥了华严判教精神，区别五教佛性说。法藏判教，从低级到高级的依次顺序是：由小乘而大乘，由佛一人有性而到一切众生有性。在大乘诸教中，由始教之一分无性与终教之一切有性的对立，到顿教之不说有无，不依渐次，一念不生即是佛，最后由圆教之一位一切位，一成一切成来加以统一。法藏的判教并不单纯否定诸家，而是既指出其偏失，先降低对方的地位，然后吸收纳入自己的体系之中，这样既显出自家宗派的包容性，并且从圆融无碍中更显得高居各宗派之上的地位。宗密在《原人论》中的判教，正是沿着法藏的导向发展。

华严宗通过判教所以显得高于各宗，主要从众生能否成佛这个问题作比较。因为如依照小乘教义，只有佛自身具佛性，此外一切众生皆不说有佛性。大乘始教指的唯识宗，是以无漏种子为种性，由于无漏种子是有为法、无常法，不能遍及一切有情，所以此教所立的五种种性中，有一类众生不具无漏种子，也就不能成佛。大乘终教以真如为佛种性，因为真如恒常遍在，故承认一切众生皆有佛性。大乘顿教说一念不生即名为佛，不依地位渐次，故立为顿。以上各宗对众生成佛问题，虽然在不同程度上有所肯定，但都不如华严宗彻底。如法藏论证佛非别物，总是在众生心中，是众生心中真如从体起用的结果，所以离开众生的心更无别佛。这种众生即佛、佛即众生的思想，法藏之后，经过澄观、宗密又进一步发挥。宗密在《原人论》中，就更加明确地说："今约至教原之，方觉本来是佛。"

华严宗认为众生本来是佛，虽然有利于引导人们归依佛教，但会产生另一负面作用，因为既然众生本来是佛，那就无需修行向善，自然就能成佛作祖，为此华严教义作了补充说明，指出"特由迷悟不同，遂有众生与佛"[①]。又说："随迷悟之缘，造业受报，遂名众生；修道证真，遂名诸佛。”[②]即用“迷”与“悟”作为众生与佛的区别。

但众生与佛何以有迷与悟的不同，如果说众生就是佛，那就把因果关系搞混乱了，因而有人提出诘难。法藏和澄观的回答是，认为从本体真谛来说，众生与佛是一回事；如从俗谛和假相来看，才有众生与佛的差别。宗密则进一步引用《大乘起信论》的观点，指出“心”是具有真如、生灭二门，真如具有不变、随缘二义，真与妄和合的阿赖耶识则有觉与不觉之分。所以他认为凡夫与圣贤从根本上说，都是一灵明清净法界心，既不称作佛，亦不名为众生。只是此灵妙真心，不守自性，故随缘而受业、受报，遂有众生之名。如果从真如不变，唯是一心的角度看，则生佛不二，众生即佛，佛即众生。所以众生是否成佛问题，关键是除妄归真。宗密在《原人论》评说：认为“我等多劫，未遇真宗”，“但执虚妄之言，甘认凡下”。要改变这种状况，则“当教以圣道，令其永离妄想”，做到这一点，就可以“自于身中得见如来广大智慧，与佛无异”。

从上述宗密在《原人论》所阐释的教义，众生即佛的佛性论，实质上是承认人性本善的观点。由于后天环境影响与教养程度不同，才引起各种妄念和恶行，佛教认为这是世人造业受报的原因，这是真性的迷失。而所谓"悟"，亦非无根据的空想，所提出的要"教以圣道""行依佛行，心契佛心"，还是要以圣道、佛行作为悟道的依据，即是承认后天的教化作用。

佛教是一门宗教，当然要讲信仰，但从宗密《原人论》的整体精神来看，倡导的不是迷信，而是理性的开悟。我们平常说的求神拜佛，祈求福荫和讲因果报应，只是对世人劝善惩恶的一种说教形式，并且是低级形式。作为佛教高层次的教义，如华严宗无尽缘起、圆融无碍的思想，主张法法平等，事事圆融。而肯定众生是佛，实质上是承认众生的平等地位。

佛教是世界三大宗教之一，起源于印度，而在世界各地广为传播，重点地带在中国、日本和东南亚，特别是印支半岛的缅甸、泰国、柬埔寨等国家。佛教传入中国后，与原来的儒、道两家，是会产生矛盾，特别与世俗社会中主导地位的儒学，由于入世与出世，是两条不同的人生道路，故佛教遭受到某些儒生的非议。宗密的《原人论》以会通本末的形式，提倡三教圆融，他的思想后来影响到宋明理学。佛教的思辨哲学对儒学哲理化作出了贡献。而三教合一思想却丰富了中国传统文化的内容。宗密的《原人论》成为佛教中国化的一个重要标志。

《原人论》的会通本末、三教圆融，又要求一切有情，弃末归本，返照心源的思想，从时代性来说，还是有积极的现实意义。宗教强调人具有本觉真心，对实现佛教慈悲平等的教义，促使人们发自内心的认可，中国儒家从孟子到陆王心学，重要功夫就是要阐发人类本体的良知，这和宗密的思想是一致的。宗教能给人心灵以慰藉，这是各种宗教的普遍功能，但宗密宣扬的教义，不是祈求佛祖的恩赐，不是依靠神的福荫。儒家讲人皆可以为尧舜，是承认人人可以作圣；华严宗与宗密讲的是众生皆有佛性，即是承认人人都可以成佛。但是从迷到悟，靠的是后天教化和各人的自我修持，实质上是要发挥人的主观能动作用。佛教讲造业受报，其实是承认事在人为。在现代化的文化精神生活中，推动社会进步是靠人的自觉，在这一点上宗密的《原人论》能给与我们众生以很好的现实启示。

注释：

①《大华严经略策》。

②《华严策林》。

附录

华严原人论解卷上

长安大开元寺讲经论沙门圆觉述

将解此论大分为四，初题目，次撰人，三叙引，四本文。显目复二，初解正题，后解并序。今初正题。

华严原人论

华严二字，所宗之经；原人论者，正显所造。所宗经者，具云《大方广佛华严经》。清凉大师云："大方广，所证之法；佛华严，能证之人。所证法中，具三大故，大者，体大。方者，相大。广者，用大。能证人中，有因有果；华严是因，佛是果。故华即普贤万行，严即文殊大智；谓以大智为主，运于万行。严大方广本有之法，成毗卢遮那十身佛果故。经之一字，即能诠教义，不异常具。"

释此题，广如本疏，今论题中，所以标者，以是此论之所宗故。下五教中，一乘显性，即此经故。不全标者，非释经故。

原人论者，原者，推究其本之谓也！徐铉说文解云："原者，泉之本也。后人从水，而以原为原隰之原。"今所不取，谓今欲穷究人之本始，故曰原人。人者，涅槃云："多思虑，故名人。又人者，身口柔软；又人者，名有憍慢；又人者，名破憍慢。"释曰多思虑言，为总谓人中念虑，善恶无记，种种不同，念念差别，故云尔也。身口柔软；别语善人破憍慢言。约修行者，反此为有。又《杂心论》云："意寂静故，名人。"释曰此拣恶道，众苦逼迫，无寂静时。亦约性说，如《礼记》云："人生而静，天之性也。"问佛教，常言众生通五趣等，何故？此论但标原人答论主，约人是我同类。故序云："我今得此人身而不自知。"云云。

又六道中，其余五趣，苦乐不均，不堪修行，故偏劝人，故曰原人。裴相国《圆觉》序曰："生灵之所以往来者，六道也。鬼神沉幽愁之苦，鸟兽怀獝狨之悲。修罗方瞋，诸天正乐。可以整心虑，趣菩提，唯人道为能耳。三世诸佛，皆于人中成佛，盖为此也。"下文有义可检叙之，知人之源，则四圣六凡类可知矣。

论谓评议，假立宾主，问答征通，研究深旨，教诫学徒，故名曰论。若合释者，原通能所；论为能原，人为所原，是人之原。原人即论依主持业，次第可知；或原即人原人之论，二释反上，望上所宗，即华严之原人论也。或取大经之目，以成本论之题，即分有财得华严号。解正题竟。

后解并序。

并序

并者，兼及之义。序者，由也，引也。引后正文为由绪，故以论并序。作自一人，故不别立序题。但附论题之下，而以并序故，小书别之，异正文故。若望总题，六离合中，相违释也。

二撰人。

终南山草堂寺圭峰兰若沙门宗密述

终南至兰若，即所依处。于中，终南山乃所依之总名。地属三秦，东西盘礴，八百余里。终南之山，拣余山故，草堂已下，别指所居；泛说终南境，则宽漫故，复举此然。草堂，即后秦逍遥园，自罗什入秦，诏于此园译经，翙草堂以居之，因改为寺。寺者，司也。国置九寺，以立九卿。由汉代腾兰初届馆于鸿胪，尔后僧居，因名曰寺。即始于洛阳之白马也。

圭峰兰若者，圭峰，乃终南之别峰，以其山如王者，所执之圭，故以名焉。梵云阿兰若，此云寂静处。出家所居，要离喧讀，故此土好略，但云兰若。草堂之寺，圭峰之兰若，皆依主释然。

草堂圭峰，相去不远；论主平居，或在草堂，或在圭峰若。裴相国序云：“论主北游清凉山，回住于鄠县之草堂寺。未几，复入寺南圭山，故双举耳。”草堂寺望圭峰兰若，作邻近释，或相违释望。终南山总别，依主释所依处竟。

沙门等者，即能述人。沙门二字，义如常释。宗密二字，论主别讳。俗姓何氏，果州西充人。幼业儒典，遇荷泽和尚之孙，圆和尚。于遂州，因缘有契，遂从剃染，学该内外，宗说兼通。造《华严》《圆觉》等，诸经论疏。钞著《禅源诠》，并行于世。广如本传，沙门望宗密，通依主持业。二释望上，终南山等，能依所依，作释可了。

述之一字，陈功业也，先德云：“叙理，名述。”先来有故作，故名造今。新起故，此论创制，理应名造。良以论主蕴穷源之妙慧，畅博达之宏才，布之以名句文身，著之于翰墨简牍。诱邪迷于正道，斥边徼于大方。有功不伐，但云述耳。述，通能所，作释可知，释撰人竟。

自下第三，序引分三，初通显大意，次别叙诸宗，后正明造论。初文亦二，初就所原以标宗于中二，初顺明。

万灵蠢蠢，皆有其本；万物芸芸，各归其根。

万灵者，羽毛鳞介，昆虫之属。其类不一，咸具觉知，故曰万灵。蠢者，出也。《尔雅》云："作动也。"昆虫之类，遇冬则蛰，逢春而动，故字从春及蚰。今论文中，且举蚰虫蠢动之微，以况于人，其实该于卵胎湿化也。

言皆有其本者，本，即因缘。《瑜伽》释众生，云思业，为因壳胎湿染为缘，有五蕴生。《圆觉》云："若诸世界，一切种性，卵生、胎生、湿生、化生，皆因淫欲，而正性命。当知轮回，爱为根本。"又《俱舍》颂云："倒心趣欲境，湿化染香处。"《楞严》云："卵唯想生，胎因情有；湿以合感，化以离应。"《金刚论》云："受生摄，依壳而生曰卵，动类也。含藏而出，曰胎欲类也。假润而兴，称湿，湿以合感趣类也。不由父母，但自想合。无而忽有，曰化，化以离应假类也。化亦自想，悬想胜处，情爱彼境，即便化生，故云离应。"故知，众生之类，无问巨细，皆以爱染而为其本耳。此举有情为例也。

万物者，百谷草木之类。芸芸者，繁茂之状。此文借老子彼云："夫物芸芸，复归其根。归根曰静，静曰复命。"云云。彼意谓万物皆自道之所生，还归于道，是复其本根也。今意但取物各有根，然后方得枝叶茂盛。此举无情为例也。

二反结。

未有无根本，而有枝末者也。

《广韵》云："一在木下为本，根株之谓也。一在木上为末，枝叶之谓也。"若无根本，哪有枝末?

后正显所例。

况三才中之最灵，而无本源乎?

况，谓比况上明蚰虫、草木，尚有因缘，比拟于人，亦当如是。安得不穷其本致乎?言三才者，天地人也。才，谓才能；谓天有运动之才，地有生成之才，人有谘虑之才。古人云："天生万物，唯人最灵。"既曰最灵，是胜于万物者也，可无本乎?

后就能原，以立理二，初先立理。

且知人者智，自知者明。

此二句文，全取老子明皇注云："智者，役用以知物。明者，融照以鉴微。智则无所不知，明则无所不照。”彼疏释云：“知，识察也。言役心生智，识察前人之美恶，可谓之智。若反照内察，了观其心不生知法，是谓明了。”今文则用之意，则不止如此。如下显真源处，了性同佛，方是此宗真实智明。以本该末，亦无遗矣。

后正明能原二，初反显须原。

我今禀得人身，而不自知所从来，曷能知他世所趣乎？曷能知天下古今人事乎？

我者，论主自指五蕴假我。盖举自己，以激劝他人也。禀，谓禀受；如《孝经》云：“身体发肤，受之父母。”谓有所禀受，而得此身也。所从来者，即前世所禀。依内教说，即过去业惑展转，乃至本觉真如是也。曷者，何也。他世即后世也。趣，谓趣向；谓舍此身已，当生何道？天耶？狱耶？或升？或坠？意云既不知生从何来，又焉知死所趣向乎？如夫子云：“未知生，焉知死？”此之谓也。

天下古今人事者，天下横约处；古今，竖约时；人事者，如运祚兴亡，风俗美恶，礼乐成坏，刑政得失之类是也。然，知所从来及他世所趣，即前自知之事，天下古今人事，即前知人之事。盖原身为本，天下古今为末；必先究其本，然后穷其末，则不失其序矣。

若夫终日论天下古今，至于此身而不知究，则是弃本而事末矣。如马迁修史，而不免予烦刑；扬雄著书，而竟终于投阁。谓之明智可乎？诗云：“既明且哲，以保其身。”斯之谓欤！

后顺成得旨。

故数十年中，学无常师，博考内外，以原自身。原之不已，果得其身？

学无常师者，言不但师于一人也。清凉云：“益我为友，人皆友焉。”博，谓广博；巧，谓巧究。内即佛教宗说之旨，外则儒老百氏之书。其志在于穷究自身之本，非为于禄求名之学也。夫子云：“古之学者为己，今之学者为人。”原之不已者，已者，止也。有所未至，必不止也。功成必致，故得其本。故论主《圆觉疏》序云：“髫专鲁诰，冠讨竺坟，禅遇南京，教逢圆极。”又云：“行诣百城，坐探群籍。”皆其事也。

二别叙诸宗五，初叙外教。

然，今习儒道者，秖知近，则乃祖乃父，传体相续，受得此身。远，则混沌一气，剖为阴阳之二，二生天地人三，三生万物。万物与人，皆气为本。

明教大师云：“宋高僧契嵩禅师作《辅教编》，闻于朝廷，仁宗许编入藏，赐号明教大师，下文多引用之矣。道教与儒教，同源出于三皇五帝。”故今从古相合，以明儒即儒教孔子为主。成氏南华注云：“儒，姓郑名缓。”篇韵训云：“儒者，柔也。”道，即道教，老子为主。其后列御寇庄周，皆宗之。后世张陵之徒，杂以邪说，非老氏之本旨。今言道教，但取老庄言“乃祖乃父”云云者。

传，约从本流末。续，谓以末继本；谓祖传父，父传孙，世世不绝。子续父，父续祖，展转乃至高曾远祖。故《孝经》云：“父母生之，续莫大焉。”远则下，展转推穷，则自混元一气云云。谓天地之前，唯一元气，混然不分，故曰混沌。剖，谓剖判，即混沌既分之后，阳气轻清，故上升。阴气重浊，故下沉。升者为天，沉者为地。二气和合，人生其中，是为三才，从此渐有万物。《道经》云：“道生一，一生二，二生三，三生万物。”明皇注云：“一者，冲气也。言道动出，冲和妙气。于生物之理未足，又生阳气。阳气不能独生，又生阴气。积冲气之一，故云一生。二积阳气之二，故曰二生。三阴阳含孕，冲气调和，然后万物阜成，故曰三生万物。”又《周易》云：“易有太极，是生两仪，两仪生四象，四象生八卦，八卦定吉凶，吉凶生太业。”又《钩命诀》云：“易有五太，一曰太易，气象未分也。二曰太初，元气萌也。三曰太始，形之端也。四曰太素，形变有质也。五曰太极，形质已具也。”从此，渐生天地万物。

论中，双合二家之意，为文该上诸说。虽小不同，皆以气为初始，渐有人及万物，故论结云：“万物与人，皆气为本。”

二叙内教。

习佛法者，但云近，则前生造业，随业受报，得此人身。远，则业又从惑，展转乃至阿赖耶识，为身根本。

此虽总言佛法意，乃别指权小。近则下，指人天教。远则下，一句小教阿赖耶识，即法相教。于此三中，前不兼后，后必兼前，中间云乃至者，谓惑又从执而起。然惑与执，各有二种。惑二种者，一烦恼障，二所知障。执二种者，一我执，二法执。

谓五蕴等，从众缘生，本无实性。众生不了，计以为实，名曰法执。由执法故，于诸理事，世、出世法，不能通达，名所知障。此五蕴中，法尚难得，况主宰者？众生于中，妄计实我，名为我执。由执我故，烦恼障生。尘劳竞兴，业报不息，由此轮转，苦果无穷。而二乘人，但除我执、烦恼障，未断法执、所知障。菩萨双断二执、二障。然，此二执、二障，于赖耶识，皆有

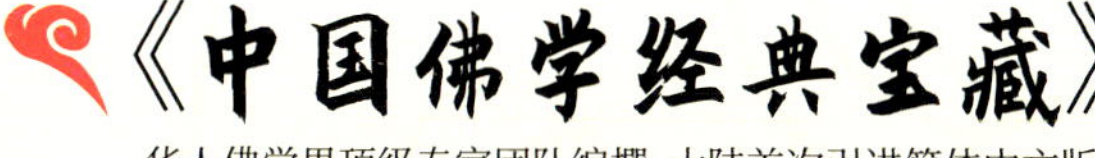

华人佛学界顶级专家团队编撰。大陆首次引进简体中文版。

读得懂，买得起，藏得下的“白话精华大藏经”。

星云大师总监修

“人间佛教”的践行本

《中国佛学经典宝藏》白话版系列丛书，共计132册，由星云大师总监修，大陆、台湾百余专家学者通力编撰而成。

丛书依大乘、小乘、禅、净、密等性质编号排序，将古来经律论中之经典著作，依据思想性、启发性、教育性、人间性的原则，做了取其精华、舍其艰涩的系统整理。每种经典都按原文、注释、译文等体例编排，语言力求通俗易懂、言简意赅，让佛学名著真正做到雅俗共赏；还以题解、源流、解说等章节，阐述经文的时代背景、影响价值及在佛教历史和思想演变上的地位角色。丛书还开创性地收录了一些有代表性的现代读本。

专家推荐

星云大师常常说，佛学不是少数人的专利，它应该是每一个人都能够接触的。这套书推动了白话佛学经典的完成。

——依空法师

佛光山长老，文学博士，印度哲学博士

星云大师对编修《中国佛学经典宝藏》非常重视，对经典进行注、译，包括版本源流梳理，这对一般人去看经典、理解经典的思想，是有帮助的。

——赖永海

南京大学教授，旭日佛学研究中心主任

《中国佛学经典宝藏》精选了很多篇目，是能够把佛法的精要，比较全面地给予介绍。

——王志远

中国社会科学院研究生院导师，中国宗教协会副会长

传统大藏经 VS 中国佛学经典宝藏

	传统大藏经		中国佛学经典宝藏
第一回合	**卷帙浩繁** 普通人阅读没头绪、没精力、看不懂。	VS	**精华集萃** 星云大师亲选132种书目，提纲挈领，方便读经。
第二回合	**古文艰涩 繁体竖排** 佛经文辞晦涩，多用繁体竖排版：读经门槛高。	VS	**白话精译 简体横排** 经典原文搭配白话精译，既可直通经文，又可研习原典。
第三回合	**经义玄奥 难尝法味** 微言大义，法义幽微，没有明师指引难理解。	VS	**专家注解 普利十方** 华人佛学界顶级专家精注精解，一通百通。

《中国佛学经典宝藏》目录

编号	书名
1	中阿含经
2	长阿含经
3	增一阿含经
4	杂阿含经
5	金刚经
6	般若心经
7	大智度论
8	大乘玄论
9	十二门论
10	中论
11	百论
12	肇论
13	辩中边论
14	空的哲理
15	金刚经讲话
16	人天眼目
17	大慧普觉禅师语录
18	六祖坛经
19	天童正觉禅师语录
20	正法眼藏
21	永嘉证道歌·信心铭
22	祖堂集
23	神会语录
24	指月录
25	从容录
26	禅宗无门关
27	景德传灯录
28	碧岩录
29	缁门警训
30	禅林宝训
31	禅林象器笺
32	禅门师资承袭图
33	禅源诸诠集都序
34	临济录
35	来果禅师语录
36	中国佛学特质在禅
37	星云禅话
38	禅话与净话
39	释禅波罗蜜次第法门
40	般舟三昧经
41	净土三经
42	佛说弥勒上生下生经
43	安乐集
44	万善同归集
45	维摩诘经
46	药师经
47	佛堂讲话
48	信愿念佛
49	精进佛七开示录
50	往生有分
51	法华经
52	金光明经
53	天台四教仪
54	金刚錍
55	教观纲宗
56	摩诃止观
57	法华思想
58	华严经
59	圆觉经
60	华严五教章
61	华严金师子章
62	华严原人论
63	华严学
64	华严经讲话
65	解深密经
66	楞伽经
67	胜鬘经
68	十地经论
69	大乘起信论
70	成唯识论
71	唯识四论
72	佛性论
73	瑜伽师地论
74	摄大乘论
75	唯识史观及其哲学
76	唯识三颂讲记
77	大日经
78	楞严经
79	金刚顶经
80	大佛顶首楞严经
81	成实论
82	俱舍要义
83	佛说梵网经
84	四分律
85	戒律学纲要
86	优婆塞戒经
87	六度集经
88	百喻经
89	法句经
90	本生经的起源及其开展
91	人间巧喻
92	大乘本生心地观经
93	南海寄归内法传
94	入唐求法巡礼记
95	大唐西域记
96	比丘尼传
97	弘明集
98	出三藏记集
99	牟子理惑论
100	佛国记
101	宋高僧传
102	唐高僧传
103	梁高僧传
104	异部宗轮论
105	广弘明集
106	辅教编
107	释迦牟尼佛传
108	中国佛教名山胜地寺志
109	敕修百丈清规
110	洛阳伽蓝记
111	佛教新出碑志集萃
112	佛教文学对中国小说的影响
113	佛遗教三经
114	大般涅槃经
115	地藏本愿经外二部
116	安般守意经
117	那先比丘经
118	大毗婆沙论
119	大乘大义章
120	因明入正理论
121	宗镜录
122	法苑珠林
123	经律异相
124	解脱道论
125	杂阿毗昙心论
126	弘一大师文集选要
127	《沧海文集》选集
128	《劝发菩提心文》讲话
129	佛经概说
130	佛教的女性观
131	涅槃思想研究
132	佛学与科学论文集

种子从种生现，起惑造业，推穷其本，则自赖耶。故云乃至，广如下明。

三总非。

皆谓已穷其理，而实未也。

如上所说，皆是圣人权渐之谈，非究竟了义之旨。恐人执滞，故总非之意，在责人、非斥法也。

四通妨。

然孔、老、释迦，皆是至圣，随时应物。设教殊途，内外相资，共利群庶。

恐有难云如前所说，元气、阴阳、业惑、识变，皆是孔、老、释迦，至圣所说，何得非之？故今通云，自是学人不达圣意，岂孔、老、释迦之过欤？然则，圣意若何？论云然孔、老云云。此乃总出三圣立教之意也。言随时应物者，孔、老之时，此方人根未熟，尚未堪闻因果之说，况佛性了义之谈？故孔、老先以仁义道德而渐诱之，且指元气、阴阳为本。

西方佛出世四十年前，人根未熟，未堪闻于佛性了义之旨。是故大觉且随二乘五性之机，说业识变等。至四十年后，方说一乘，故《法华经》云："久默斯要。"不努速说，皆显随时应物也。言殊途者，谓殊异路途，即指前所说元气、业惑等，立教不同，故曰殊途。

言内外相资等者，资者，藉也，助也。谓虽设教不同，然亦互相资赖，道并行而不悖也。盖佛教藉儒、老为诱物之始，儒、老藉佛教为成物之终；如目足相资，方能全济。又震旦之机，宜以仁义道德而化，故孔、老以是化之，余方之机，宜以业惑等化。故大觉以业惑等化之，众生不一，故曰群庶。

五蹑迹重通二，初总明权实二，初纵。

策勤万行，明因果始终；推究万法，彰生起本末。虽皆圣意。

恐人难曰："三教圣人，利物之心既同，则应三教皆可原人，何故此中偏宗佛教？"故复答云，利物之心，三圣虽同，权实之用，三圣则异。儒道一向是权，佛教兼于权实；今取实教了义，故偏宗佛。迷于权实，岂达圣意！

言策勤万行者，策，谓策发。万行者，且言行门之多，不但说施戒等，至于四谛、缘生，十善、五戒，四禅八定，儒老五常道德等，皆在其中。细详文意，自可见矣。因果始终，唯明佛教修因为始，感果为终，或约一人先后为始终也。万法至本末，亦通三教。儒道以气为本，释教以业惑、八识、真如为本。随宗不同，末则可知。从上策勤万行，下至虽皆圣意，纵也。

后夺。

而有实有权。二教唯权，佛兼权实。

应再问云：“三教之中，何权？何实？”故下句云二教云云。言权实者，权，谓权假，亦曰权宜秤锤。曰权，言能酌量轻重，以喻圣人方便，分别事宜，随器授道。孔子所谓可与立，未可与权是也。实者，果之核，取其坚也，亦确乎不可拔之谓也。然则，二教之权，与佛教之权，可得闻乎？答曰：“冥显有异。”二教之权，即冥权也；佛教之权，乃显权也。何以言之？

明教大师云：“权也者，有显权，有冥权。显权，则为浅教，为小道。冥权，则为异道，为他教。”释曰：“浅教，如法相破相；小道，如二乘人天。”此之三乘，如化城之喻，是佛随宜之说，故曰显权。冥权者，无方妙用，潜兴密应。或为异道之师，以化正彼类。或为他教之主，用他教法以利于世。如《华严经》云：“或持牛狗及鹿戒，或着坏衣奉事火等。”又《清净法行经》云：“吾遣迦叶以为老子，又遣净光童子示为仲尼。”故知孔、老皆大觉冥权也。总明三教权实竟。

后别明权实之用二，初纵。

策万行，惩恶劝善，同归于治，则三教皆可遵行。

亦应先难云："前明教有权实，唯宗实教，则应权教皆无用耶？"答曰："是何言欤？夫圣人设教，各有攸当，或权或实，随器所宜。故此一科，即显权教之有用也。"初句，如前已解。惩恶劝善，有惩者，戒也，止也，即止恶兴善也。儒教三纲、五常，老氏保雌守弱，释教三学六度，莫不皆使人止恶兴善而已。泛常所说，三教大同者，此之谓也。

《尚书》云："为善不同，同归于治。"今借用之。明教云："神农志百药，虽异而同于愈疾也。后稷标百谷不同，而同于养人也。圣人为教不同，而同于为善也。"证此可知。遵者，依也。所归既同，依行皆可。是故依儒教，则为成德之君子。遵老氏，则为清净之真人。禀释教，则出三恶而往人天，乃至究竟证三乘，而圆二果者矣。

后夺。

推万法，穷理尽性，至于本源，则佛教方为决了。

此即显实教之用也。亦应问云："既三教皆可遵依，又何必偏遵实教？"故今夺云，推万法云云大意。前言三教皆可遵行者，但顺圣人随宜益物，治已成之人身，非欲穷究所以成人之源本。欲穷其本，则非了义教，莫能尽之。言推万法，穷理尽性者；推，谓寻其本致。穷，谓极其根源。尽，谓竭其蕴底。万法，即色心等，世、出世法。

然，穷理尽性，语出《周易·彼系辞》云：“穷理尽性，以至于命。昔者圣人之作易也，将以顺性命之理。”彼注云：“理，谓理数。性，谓性能。命者，生之极。穷理，则尽其能。若穷其理数，尽其性能，则顺性命之理。”又儒宗，以天所赋为命。今佛教亦说理性，故借彼文取意。则异理谓道理、真理；性谓法性、心性不取天赋，故不言命。谓真如一法，横对诸事，曰理，广也。竖贯一法，曰性，深也。然，在无情，曰法性；在有情，曰心性，亦曰佛性，亦名本觉，亦曰如来藏，即下显性经中，所说真性是也。

谓色心等法，从缘而生，无实自性，全是真如随缘所成。故此万法，皆以真如而为本源。故论主《圆觉疏》序云：“万法虚伪，缘会而生。生法本无，一切唯识。识如幻梦，但是一心，心寂而知。”目之圆觉，此推万法至本源之谓也。唯识亦云：“此诸法胜义，亦即是真如，常如其性故。”即诸法实性，亦此义也。

言至于本源者，非离真性之外，别有本源。但约教诠浅深之异，故有至、不至尔。《起信》云：“心真如者，即是一法界，大总相法门体。所谓心性，不生不灭，乃至云唯是一心，故名真如。”又立义分云：“摩诃衍者，总说有二种。一者法，二者义。所言法者，诸众生心。是心即摄一切世间、出世间法。”依于此心，显示摩诃衍义。

故明教大师云：“人者，天者，圣人者，孰不自性而出？所以出者，固其本也，此本则万法之大本也。”注云：“人天与佛等，三乘圣人，谁不从此一性所出？则知性者，为万法之本源矣。”《华严经》云：“云何说诸蕴？诸蕴有何性？蕴性不可灭，是故说无生。分别此诸蕴，其性本空寂。空故不可灭，此是无生义。”众生既如是，诸佛亦复然。佛及诸佛法，自性无所有，则知不生不灭。真如妙性，实诸法之本源矣。非一乘了义，何以臻此言？决了者，谓决定了义，亦决断显了也。此言佛教，别指显性。

三明造论二，初总显余宗未了，为造论之缘由三。初总明。

然当今学士，各执一宗。

此言学士，即通指习三教者。士，即人也。各执一宗，谓习儒者，唯执天命。习老，唯执自然等，更不复博究圆畅。

次别明。

就师佛者，仍迷实义。

或执业惑，或执识变，不信一乘实教。设谈佛性，定拣阐提，纵说真如，但云不变，有所未悟故曰仍迷。其犹众盲摸象，岂识象之全躯？坐井观天，宁见天之无际？

后结责。

故于天地人物，不能原之至源。

问："此科与前别，除诸宗何异？"答："前就学人所知，以显教之权实。今约学人所执，为造论之发端。"向使学人无封执之情，则论主可以亡言矣。

二正明造论，分三，初先叙所凭。

余今还依内外教理，推穷万法。

余者，我也，论主自称之词。还依内外教理，则见解圆融，而无偏局之弊。与夫未尝读佛书，而辄议佛者，相去远矣。夫子云："盖有不知，而作之者，我无是也。"论主之谓欤。

次别示。

初从浅至深，于习权教者，斥滞令通，而极其本。后依了教，显示展转生起之义，会偏令圆，而至于末。末即天地人物。

言从浅至深者，即指论初二门，斥迷执偏浅也。于中前，前浅；而后，后深。斥滞令通者，即破执情，而显圆解也！极其本者，指第三门显真源也。极者，至也。后依了教下，即指第四门；显示展转等者，即第四门中，用显性了义，会前所斥，同一真理也。

后结名。

文有四篇，名原人也。

可知

大门第四，释本文中，分二，初标列章门。

斥迷执第一　　斥偏浅第二

直显真源第三　　会通本末第四

四门次第，如向已说。

二正释四，初释初章，二释第二，斥偏浅。三释第三，直显真源。四释第四，会通本末。初中复二，初牒门名。

一斥迷执习儒业者。

斥者，排摈义。唯韵云：“逐也，远也，谓驱逐令，远去也。”迷，谓惑而不悟。执，谓固守不移。

儒道下二正，指儒道。三就彼诘难。四结显未了。就次章中，文分三段，初正明所本，二宗合辨。

儒道二教，说人畜等类，皆是虚无大道，生成余育。

二宗合辨其义，如前小有不同随文当示。言皆是大道生成养育者，即老氏意《道经》云：“有物混成，先天地生。寂兮寥兮，独立而不改，周行而不殆，可以为天下母。吾不知其名字之曰道。强为之名，曰大。”明皇云：“以通生表其德，字之曰道。以包含目其体，故名曰大。”母者，取其生育义也。老氏意云，我见一物混然而成，出于自古非声非色，卓然挺特，不逐物移。遍万物中，安然坦荡，众妙由之而出，宜其为之母也。故为强立名字，曰大道焉。

又《德经》云：“道生之，德畜之，物形之，势成之。”彼疏云：“道降冲和之气，陶冶万物，万物得之以生。”故云道生之德，得也。畜，养也。谓万物得道用，而能畜养斯形，则约道畜养之处，而受德名。故云德畜之，道生；德畜，品物流形。故曰物形之道，为万物作天时、地利、阴阳之势，而物资之以成，故曰势成之。又云：“故道生之畜，之长，之育，之成，之熟，之养，之覆，之彼。”疏云：“始之为生，养之为畜，令增进曰长，字抚为育；辅相曰成，遂终曰熟，资给曰养，荫庇曰覆。”上之八字，皆道德功用之谓也。

二明生起次序。

谓道法自然，生于元气。元气生天地，天地生万物。

道法自然一句，全是《道经》，彼云：“人法地，地法天，天法道，道法自然。”注云：“人谓王也，为王者，先当法地。安静既尔，又当法天，运用生成。既生成已，又当法道，清净无为，令物自化。人君能尔，即合道法，自然之性也。”又云：“自然者，妙本之性，性非造作，故曰自然。道者，妙本之用，道与自然，体用之称，非谓道法效于自然也。”

今论正用道法自然一句者，不取人君法则之义，但明自然之道，在天地之先而已。恐欲知源故，具引之言。生于元气者，取《道经》意彼《德经》云：“道生一，一生二，二生三，三生万物。”如前序中已引，但今论中生于元气，即彼道生一。元气生天地，即彼一生二，二生三，天地生万物，即彼三生万物。盖变其文势，贵异前耳，而意则同然。前叙中，混沌即儒者之说；此言大道，即老氏之意。前后互举，显二宗之大同也。

三约人显本二，初约从本起末。

故愚智、贵贱、贫富、苦乐，皆禀于天，由于时命。

愚，谓诸情暗钝。智，谓慧解高明。贵，谓名位尊荣。贱，谓身职卑下。贫，谓资生阙乏。富，谓财用富饶。苦，谓逼迫心形。乐，谓诸根适悦。然，愚智约性，贵贱约位，贫富约资，苦乐约受，亦应言吉凶、寿夭、妍臯、病健等触类可推矣。此皆人中品类不同。

言皆禀于天，由于时命者，儒宗泛说多止天命，时与命，皆数也。《论语》云："死生有命，富贵在天。"《孟子》云："莫之为而为者，天也；莫之致而至者，命也。"

后约原始反终。

故死后却归天地，复其虚无。

天地者，儒宗所归；虚无者，老氏所复。《道经》云："夫物芸芸，复归其根。归根曰静，静曰复命。"云云。言万物既禀天地元气而生，如草木依根而得荣茂。死则复其本始，如草木凋落精脉还其本根。是复其所禀之性命，从天地生，复归天地者。如邵子云："上天生我，上天死我。一听于天，有何不可？"此之谓也。

四明立教大旨。

然外教宗旨，但在乎依身立行，不在究竟身之元由。所说万物，不论象外。

言外教者，谓佛法之外也。言依身立行者，儒宗五常百行。老氏保雌守弱，皆以修饰其身而已。《大学》云："自天子达于庶人，一是皆以修身为本。"《孝经》云："立身行道，扬名于后世。"老子云："名与身，孰亲？身与货，孰多？"等不在究身之元由者，不言此身因何而有？何故得为人？何故为畜等？纵若说者，不过大道元气而已。言象外者，象，谓物之形象。《易系辞》云："夫象圣人以，以见天下之赜，而拟诸其形容，象其物宜，是故谓之象。如干卦三连，以象天纯阳。坤卦六段，象地纯阴。"亦如丹青图画，肖物形容，故唐太宗《圣教》序云："二仪有象显，覆载以含生。"又世俗说天圆地方，则知天地皆有形象也。

今世教，所谈至大者，不过天地而已。而人畜万物，皆在天地之中，故其所论，不出天地之外。故云所说万物，不论象外。《庄子》云："六合之外，圣人存而不论，则知天地之外，孔、老非实不知，但以世人智浅，未足与议。"《论语》云："夫子之言性与天道，不可得而闻也。"况象外乎？

五释通妨难二，初正释通妨难。

虽指大道为本，而不备明顺逆起灭，染净因缘。

恐有问言：“彼宗亦说大道元气等生成万物，大道元气即是身本，哪言不究？”故今释云，虽指大道云云。论文略举，且言大道，实兼元气、天命、父母等也。然，元气父母等，但是生身之具，而非即是身本。譬如孩稚见母笼甑，取饼啖之，便知是饼笼甑所成。后来索饼，即指笼甑，岂知笼甑但是成饼之具？岂是饼之所本哉？今元气天地等，笼甑之谓也。执为身本，孩稚之见而已。

而不备明下，正显所迷顺逆起灭者，谓内教所说十二因缘，迷则从无明起行，辗转乃至有生、老、死；即顺生死起动，而成流转也。悟，则从生死逆观，乃至无明；遂起智断，无明由明，明灭故行灭，乃至生、老、死灭，即证圣果，此明逆生死，而还灭也。此十二支，通大小乘义门，繁广非略可尽言。

染净因缘者，有二。一约小乘其说，又二：一者如前十二有支，由无明缘行，乃至生缘老死，是染因缘。由无明灭行灭，乃至老死灭，是净因缘。二者约苦集灭道四谛。谓苦集是世间因果，灭道是出世间因果；由造集谛因，感苦谛果，名染因缘。由默苦故，起道谛智，断彼集因，苦果不生，证灭谛理，名净因缘。故《净名》

云："从痴有爱，则我病生。众生病愈，我病亦愈。"

二约大乘，亦二：一约法相宗谓，藏识法尔，包摄三乘及三性名言种子，而一切众生有无不同。若有三乘种子者，遇缘熏习，修行断障，当得三乘圣果，名净因缘。此且三乘总说，应别明之。若无三乘种子，但有有漏三性等种，即造三种业，福、非福、不动。三界流转，名染因缘。二约法性宗，真妄和合，成黎耶识。若迷之时，染法有力，净法无力，向缘下转，沉沦三果，名染因缘。悟时净法有力，染法无力，背缘上转，成四圣位，名净因缘。广如下引此等法义，外教岂知？况能备明？

后约人显宗。

故习者，不知是权，执之为了。

孔老所说，但是权宜，不执则为入道之缘；固执则为障道之损。圭峰云："儒贤戒律，道助禅那，此其缘也。八难之中，世智辨聪，反成为难，此其损也。"宜自择焉。

二就彼诘难二，初总标。

今略举而诘之

后别难有四，初难道生二，初牒彼所立。

所言万物，皆从大道而生者。

此唯老氏所执，诘者问也。假立宾主难疑，答问论之式也。所言万物，至而生者，此句牒彼所立，下皆准知。

后正申难二，初道常物亦应常难二，初按定。

大道，即是生死贤愚之本，吉凶祸福之基。

彼以长生久视为道，故作此难之。初二句，按定基，谓基址，亦曰镃基。《尔雅》云："基，初也。"

后正难。

基本既其常存，则祸乱凶愚，不可除也；福庆贤善，不可益也。

道既是常，物亦应常。如世子孙，还类父母，则祸乱应常，祸乱非人力可以剪除；福庆应常，福庆非积善可能增益。故李思慎云："老以生与死，命也。悉是道之所为，圣与不肖，性也。但是天之所与。天与，不可逃；道为，不可捍。知天道之不可逃捍者，则能安处长生，守金性情。"云云。

后反质破。

何用老庄之教耶？

恐云："设如祸福不可增损，复有何过？"故今难云，如此则孔老设教，遂成无用。良以圣人见善有益，可以致福，故劝令为善。见恶有损，可以致祸，故教令远恶。则知吉凶祸福，由我致之。既道使然，于我何预勉之？修善曾何所图？

二祸福倒置非尊难。

又道育虎狼，胎桀纣，夭颜冉，祸夷齐，何名尊乎？

育，谓鞠育。胎，谓含孕。互举为文，虎狼害人之兽，岂道畜之，而使害人？桀纣暴虐之君，岂道孕之，而使虐民？必曰道生，道何不道？桀者，有夏十七世君，名履。癸谥法云："贼虐多杀，曰桀。"刘恕《通鉴外纪》云："桀为无道，暴戾顽很，贪虐荒淫，残伤百姓，天下颤怨。伊尹佐汤，伐之。桀战不胜，奔于三腰之国。汤又伐之，放于南巢而死。"纣者，殷三十世君帝乙之子，名受。谥法云："残义害善，曰纣。"《外纪》云："智足以拒谏，言足以饰非。因宠妲己，作酒池肉林，为长夜之饮用。炮烙之刑，剖比干，囚箕子。周武王举兵伐之，纣不胜，遂自焚而死，夭短折也。"

颜，即颜回，字子渊。冉，即冉耕，字伯牛。皆孔子弟子，四科中德行科也。《论语》云：“贤哉！回也！不迁怒，不贰过，不幸短命死矣！又伯牛有疾，子问之，自牖执其手，曰亡之命矣！夫斯人也，而有斯疾也。”云云。先儒谓伯牛有恶疾将死，夫子叹之。夫以二子之贤，而不享年，故曰夭颜冉祸谓凶祸。

夷齐，谓伯夷、叔齐。先儒云：“孤竹君之二子也。父丧，兄弟让国不绍。武王伐纣，二子谏之不从，耻食周粟，饿死于首阳山下。”以夷齐之贤，而致饿死，故云祸也。

若云万物皆是道之所为者，道乃富愚夫，而祸贤士，何足敬哉？且世有好贤，恶不肖人，必谓之君子。妒贤嫉能人，必谓之小人。君子也，人皆敬之；小人也，人皆鄙之。《道经》云：“万物莫不尊道而贵德。”使道之所为诚如前说，则不足敬也。故曰何名尊乎？

二难自然二，初牒彼立义。

又言万物皆是自然生化，非因缘者。

亦道教所执，儒宗亦执，天为自然。若内教说一切万法从因缘生，谓亲能发起为因，疏能助起为缘。然，一切万法不出内外。外者，如草木等，从种子生，名曰亲因。水、土、人、时，名曰疏缘。内，则人畜等，从业惑生，名曰亲因。父母二气，名曰疏缘。若委细说，具如下文，今对外宗且略叙。又谓彼儒道既执自然，则不推因缘，故《庄子》云：“不知所以然而然，名曰自然。”

又云：“鹤不日浴而白，乌不日黔而黑。”言皆自然也。儒宗执者，如司马君实无为赞云：“治身以正，保躬以静，进退有道，得失有命，守道在己，功成则天。”天复何为？莫非自然。

后正申难二，初自然，即应无端难；

则一切无因缘处，悉应生化。谓石应生草，草应生人，人生畜等。

谓既不待因缘，则石非草等因缘，应能生草，草生人，人生畜等，以皆非缘，故论略举以例其余。故置等言，即等一切非缘之事，如火应生草木，木生鱼鸟，凡是一切不应生处，皆能生也。正取人不待父母缘，忽自生人等。如西方无因，外道亦作此计。《瑜伽》第七云：“何因缘故，彼诸外道，起如是见，立如是论？答：谓见世间无有因缘，或时欻尔，大风卒起，于一时间，寂然止息。或时忽尔，暴河弥漫，于一时间，顿即枯竭。或时郁尔，花木敷荣，于一时间，飒然衰頯。由如是故，起无因见，立无因论。”清凉云：“与此方儒老所计颇同。”

又《涅槃经》中，衲衣梵志求佛论议。佛问云：“汝宗何故知非因缘？”彼云：“我见牛生便能啧乳，龟生便能入水，知非因缘。”佛言：“若言啧乳非因缘者，俱非因缘，何不啑嘛角？若言入水非因缘者，俱非因缘，何不入火？”梵志辞屈，投佛出家。

后自然不应缘习难二，初正难二，初总约情非。

又应生，无前后起，无早晚。

后别约有情。

神仙不藉丹药，太平不藉贤良，仁义不藉教习。

前后早晚，约时。时乃疏缘中，一事通内及外。如春兰秋菊，社燕宾鸿等，各因其时。人须十月方乃诞生，非自然也。神仙已下，别约有情。神仙要须宿禀寡欲之资，炼药服气为缘，方能长生不老。天下太平，必藉忠臣良士，武以定乱，文以经世。君臣相济，然后民安国泰。时和俗淳，人有才德之美，皆资训诲之力。

习与性成，未有不学而自成者。孟东野诗云：“击石方有火，不击元无烟。人学始知道，不学非自然信矣。”刘子云：“心受典诰，而五性通焉。故知仁义必由教习。”执自然者，不亦乖乎？

后结责。

老庄周孔，何用立教为轨则乎？

外应问曰：设依我宗自然而成，不藉教习，复有何过？答：便有圣人立教无益之过，既贤者，自然而贤，不由教习。愚者，自然而愚，教亦无益，圣人立教便成无用。轨，谓车辙，则谓法则如世行车，必遵轨辙，为法则也。然老氏上士下士之说，孔圣上智下愚之论，在吾教中，盖宿习力故，谓多生熏习纯熟，今得为人。诸识聪利，人一己百闻道勤行，孔老于此谓之生知上智、上士，故白乐天生而识字，世呼为“三生人”。

若宿世从异中中来，未曾熏习，或因秘悋不肯教人，今得人身，诸情暗钝，倥侗颛蒙，诲而不学，闻道大笑。孔老于此，呼为下愚。其中人者，昔虽曾熏，然未纯熟，故于今世，学之则成，不学则殆。由此观之，虽愚钝之资，苟能自勉于学，纵未偕于上达，亦自胜于不学者矣，况中人乎？圣人知学问有益，可以革愚成智，故垂典诰，以为轨则。斯则因缘之理，明矣。而曰自然，未敢闻命。

三难元气二，初牒彼所立。

又言，皆从元气而生成者。

此儒道皆执。

后正申难三，初气变不应缘习难二，初正难。

则欻生之神，未曾习虑，岂得婴孩，便能爱恶骄恣焉？

欻，暴起也，言欻然而生也；神，谓人之精神。言初生之子，八识虽具，七情未彰。良由创与境逢，未知染着，若渐长大，惯习力故，爱恶滋彰，所谓习以性成，非由元气使之然也。论云："岂得反质之辞？"言婴孩者，小儿之称；女曰婴，男曰孩。爱，谓染着；恶，谓憎嫌；骄，谓矜傲；恣，谓纵肆，皆言情也。

后蹑迹转难二，初牒彼救词。

若言欻有自然，便能随念爱恶等者。

恐有救言，且如孩子初生，便能餐乳，不得则啼，岂待习虑？故曰自然便能随念爱恶。

后正难。

则五德六艺，悉能随念而解，何待因缘学习而成？

若尔，五德六艺亦应自解，不待习虑，何故不尔？言五德者，即仁等五常，或父义、母慈、兄友、弟恭、子孝。六艺，谓礼、乐、射、御、书、数。然，人生便知饮乳、啼号者，无始以来，惯习力故，与心俱生。如前牛不唻角，龟不入火，皆因缘也，岂是元气使之然也？

二气灭应无鬼神难三，初申难二，初按定。

又若生是禀气而欻有，死是气散而欻无；

后正难。

则谁为鬼神乎？

儒者皆执，气聚为生，气散为死，故今难云若尔，气散断灭，应无鬼神。盖鬼神之说，儒宗许有，故彼所知，以难之。然，依儒典训，神者，伸也；鬼者，归也。阳魂曰神，阴魄曰鬼。然《论语》云：“子不语怪力乱神者，盖以鬼神理幽，常人智浅，故但令敬而远之，恐生惑着。”然岂谓之无鬼神乎？《易》曰：“精气为物，游魂为变，故知鬼神情状，谓百骸四体。男女构精之所成，故曰精气为物。”彼云游魂为变者，即如佛教所说心识，由无质碍，任运能往，故曰游魂。意谓游魂与精气合而为人，精气有灭，而游魂不灭，故为鬼神。若内教说三品九类之中，有福德者为神，无福德者为鬼，胜劣虽异，皆鬼趣摄。

二引事证成二，初举知宿命，证非禀气。

且世有鉴达前生，追忆往事，则知生前相续，非禀气而欻有。

言鉴达前生事等者，如羊祜之识金环，晋羊祜字叔子，幼年尝牵乳母至李宅门外祐树穴中得金环一枚，谓乳母曰："此吾先世为李家子，戏所藏也，吾年七岁堕井而死。"事出本传。崔咸之征墨志，唐崔咸父锐为泽潞节度使李抱真从事，有客卢老者自言，学道于隋朝云际寺李先生，每往来泽潞锐常善待之，终谓锐曰："吾当与君家作子，以口傍墨痣为验。"及生咸果如其言，出本传。房管剖松下之书，唐房琯字次律，开元中宰桐庐，尝与道士刑和璞过夏口，入一废寺坐古松下，和璞使入凿地，得瓮中所藏娄思德与永禅师书。笑谓琯曰："颇忆此耶？"琯怅然悟前世之为永禅师也，出明皇杂录。东坡有诗云："殷勤古松下，为剖瓮中书。"

唐绍刺灯前之犬，唐绍者开元中为给事中，尝与对门中郎李邈善每厚待之，妻尝谏曰："勿友非类。"绍曰："非尔所知。"后因骊山讲武，绍摄礼部尚书，玄宗援桴击鼓时未三合，张说遽令绍奏毕，神武赫怒拽兵部尚书郭元振坐于纛下，欲斩之，张说跪奏元振有杜稷之功免死，乃斩绍先一日。绍谓妻曰："吾前生为杜氏女，适霸陵王氏子，十七岁常灯下运针昏睡，犬入房触油污衣，心怒遂以剪刀刺犬，剪一股折而犬犹活，复换一股犬方毙。吾十九而亡，犬者今李邈是也，明日行刑必貌。"翌日果如所言，初一刀头未落，再换一刀头方落，出李吉甫异闻记。

圆观峡中之旧约，唐李证之子原老与道人圆观友善，相约自峡入蜀，路逢女子浣纱，观谓原曰："此吾寄托之所也，盖业缘不可逃，明年某日君自蜀还可相临，以一笑为信，又云吾已三生作比丘云云。"已而观果死，明年原如期至女子家，则儿生三日已，原使抱临明檐，儿果一笑，却后十二年原至孤山月下，闻扣牛角，而歌者曰："三生石上旧精魂，赏月吟风不要论，惭愧情人远相访，此身虽异性常存。"依《夜话》引。

东坡陕右之梦游，苏子由谪南安与云庵及聪禅师交游，一夕云庵梦同子由聪公出城，迓五祖戒禅师。明日以语子由，语未卒聪公至，具言所梦与云庵同，三人方谈笑间忽东坡书至，曰已抵奉新，旦夕可相见，三人大喜共出城二十里至建安寺。而东坡亦至，因举梦语坡，坡曰："轼年七八岁时，尝梦身为僧，往来陕右。又先母方孕时，梦一僧托宿，颀然眇一目。"云庵惊曰："戒公陕右人，后失一目，暮年弃五祖来游南安，终于大愚，逆数五十年。”而坡时四十九矣！出《冷斋夜话》。

卢女忆贩羊之宿冤，昔长安城南，卢叔伦家女子桑间逢僧乞食，问得食处。女曰：“村东二里王家饭僧。”遂往果得斋。王氏问僧所从，僧以实告，既而王氏翁媪俱至女家，女闭户不出，问女母曰：“我家设斋，人无知者，女何知耶？”女自房出，呼曰：“某年月日贩羊胡父子何在？”翁媪惊趋出，母问女曰：“汝适何故？”女曰：“我前世为夏州贩羊，客姓胡，宿其家，彼杀我父子，羊尽为所有，我后于其家作子，十五得病，二十而终，医药之资已过所劫，犹每岁与我作斋。”虽然命债尚须偿也，出逸史。

西山决弑亲之疑狱，宋理宗初真西山帅长沙，日市民程二者有子，年二十谋弑厥父，密语其友，恐事泄相涉，遂首于官，即呼其子问之，子不讳及，问其父并邻人皆不知所以。问其子谋弑父故，亦无可言者，真察其事暗昧，乃斋沐请祷，一夕梦人报曰：“但问其父二十年前曾作何事，即知之矣！”翌日，真私问其父曰：“此事我已知，汝但勿讳，汝二十年前曾作何事？”父曰：“二十年前有沩山行者，将钱一千缗欲买度牒，中夜杀行者，瘗于厨下，以其钱营产业焉。”真复私问其子：“吾欲释汝，欲以钱一千缗惠汝，从汝所之，汝若得钱当何所作？”子曰：“诚如所言，当买度牒，入沩山出家。”真知行者之怨遂籍其父产业，计一千缗以付其子，将其父配五百里外，出江湖纪闻。若此之类，今古实多。以此验知，舍身受身，自类相续，非禀气也。

二举鬼有知证非断灭三，初唯约理量破。

又验鬼神，灵知不断，则知死后，非气散而欻无。

泛言鬼神者，多是古圣先贤，忠臣义士，功流后世，泽被斯民，正直无私，英灵不昧。或镇山川社稷，或司福善祸淫。国旌祀典之荣，民遂祷祈之，应者，谓之正神。其有木怪山精，强魂厉鬼，或乘人之衰耗，或附物以传通，恐惧闾阎，邀求祭祷者，谓之淫祀。正邪虽异，皆俱灵知。若谓死而气散，则其神者为谁？故东坡文集中，多载鬼仙诗词，良可证矣！

二引教及事破二，初引教破。

故祭祀求祷，典籍有文。

言典籍有文者，引教破如《尚书·金縢篇》谓武王有疾，周公作册书，祷于大王。王季文王请以身代文云：“维尔元孙某，遘厉虐疾。”遘者，遇也，言遇此暴病也。若尔，三王谓大王，王季文王是也。是有丕子之责于天，言三王奉上天，欲责武王之罪，以旦代某之身云云。公归乃纳册于金縢之匮中，翌日乃瘳。既祷卜之重吉，次口武王果愈。又如《礼记》祭法祭义祭统礼运，皆言祭祷之事。又蔡氏月令云：九月中气，日在氐命，有司合秩蒭，以养牺生，以供皇天上帝。名山大川，四方之神，以祭宗庙、社稷之灵，为民祈福等，皆其文也。

后引事破。

况死而苏者，说幽途事，或死后感动妻子雠报怨恩，今古皆有耶。

说幽途事，多关释典。恐彼儒者，尚未信之。今引儒者一说，证之。宋吏部侍郎，葛立方，字常之，所撰《韵语阳秋》云："欧阳永叔，素不信释氏之说，既登二府，一日被病亟梦至一所，见十人冠冕环坐。一人云：'参政安得至此，宜速反舍。'公出门数步，复往问曰：'公等岂非释氏所谓十王者乎？'曰：'然！'因问：'世人饭僧造经，为亡追福，果有益乎？'答曰：'安得无益？'既寤，病良已。"又如崔子玉之掌冥府事，韩擒虎之为阎罗王，虞太博之为更生佛，席相公之为皮场神，皆幽途事之证言。

感动妻子雠报怨恩者，如《左传》宣公十五年，晋大夫魏颗，其父武子，有爱妾。武子疾，谓颗曰："当嫁之。"既疾笃，乃令殉葬。武子死，颗嫁之，亲族难之。颗曰："吾从治命。"治，谓疾未甚时。甚，则心狂语乱。后颗与秦将杜回，战于辅氏。见老人结草，以御杜回，踬而颠获之。杜回坠马，颗生擒得。夜梦老人曰："余，尔而所嫁妇人之父也。尔用先人治命，余以是报。"又成公十年，晋景公疾，梦大厉，大鬼也。被发及地，搏膺而踊，曰："杀余孙不义，余得请于帝矣！"六月丙午，公薨。前二年晋景公以无罪杀臣赵同、赵括。言帝者，即冥府十王也，以事关幽途故。

又《江湖纪闻》载，南宋卫州人郑朝议，从子某，幼旷达能文，娶会稽陆氏女，亦姿媚明爽，伉俪情至。郑生尝语陆氏曰："万一不幸汝无再醮，汝若先丧，我亦如之。"陆氏曰："要当齐眉，何不祥如是？"相处十年，生二男一女。及郑生疾，且死，方释服。陆氏尽携其资，适苏州曾公曹成婚。方七日，曾生奉漕檄考试他郡行信宿。陆氏晚步厅屏间，有急足呼于庭曰："郑官人有书！"命婢取之。视外题，但有示陆氏三字，笔札宛然前夫手泽也。视急足已，不见启缄，读之，其辞曰"十年结发夫妻，一生祭祀之主。朝连暮，以同欢；俸有余，而共聚。忽大幻而长往，慕何人而轻许遗弃我之田畴，移资财而别户，不恤我之有子，不念我之有父。义不足为人之妇，慈不足为人之母。吾以诉诸上苍，行理对乎？"幽府陆氏叹恨三日而亡，其书，朝议男甸者得之。

三蹑迹通妨二，初设难。

外难曰：“若人死为鬼，则古来之鬼，填塞巷路，合有见者，如何不尔？”

外人闻说人死为鬼，则谓人人死已，尽皆为鬼。不知有六道轮回，转受后身，故作此难。言合有见者，如何不尔者？论中，假作不信有鬼之问，故且如是。其实见鬼之事，古今有之，不能具引。

后通释。

答曰：“人死，六道不必皆为鬼。鬼死复为人等，岂古来积鬼常存耶？”

言人死六道者，谓或有生天，或还为人，或作禽畜，或堕地狱。前言鬼者，但一趣耳。言鬼复为人者，谓鬼业尽已，或复为人，或转余趣，岂古来下，讥其胶柱？如《梁高僧传》说，后汉建和间，沙门安世高舟行至洪亭湖泊。舟岸上，有湖神祠焉。神降曰：“舟中沙门，吾神宿世道伴，为我请之。”安至祠中，神泣诉曰：“吾与师曾为道友，以瞋心故，堕此趣中，幸相悯救。”师请现本身，神曰：“本身丑恶，恐相惊骇。”安曰：“无虑！”忽有大蟒，出于床后，引首向安。安抚之，以天竺语说法化导。蟒泣谢曰："幸闻教化，今脱苦矣！"以绢千疋，黄白之资，付安令作功德，安为建寺于豫章。夜话云，今洪州大安寺是。已而见后山有大蟒，死于草泽中，自是庙不复灵。此鬼趣转生之例也，今俗子无识，谓佛菩萨同鬼神者，吁可悲哉！

三禀气不应有知难二，初正难。

且天地之气，本无知也！人禀无知之气，安得欻起而有知乎？

谓气无分别，岂人得之而有分别乎？若人因禀气而有分别，则草木等亦应有分别。以所禀同故，论亦应言且天地之气，本无贤愚、贵贱之异，岂人同禀之，而有贤愚、贵贱之异乎？而儒者皆执禀气，谓禀淳和之气，则为圣为贤；禀浑浊之气，则为愚为不肖。孰不知天地之气，本无差别，自吾人宿习之不同尔！

其犹管钥之音，随窍发异，故有清浊高下之殊。而吹者之气，曷尝异哉？若谓吹者之气有异，则何藉竹管之殊窍乎？又李白桃红，姚黄魏紫，无乃春风之各异乎？何不辩其物性，而资于气耶？

后举例难。

草木亦皆禀气，何不知乎?

亦应云，禽兽亦皆禀气，何飞走之不同?盖天地之气，犹炉冶甑。爨之，谓但能成物，非物所本故。炉冶虽能范金，不能变铜铁为良。猿甑爨虽能熟食，不能变糠粃为珍馐。天地之气，虽能成物，不能使草木为人，庸愚作圣良。以草木各有根，人畜各有本故也。

四难天命二，初牒彼立义。

又言贫富贵贱，贤愚善恶，吉凶祸福，皆由天命者。

此多儒者所执。先儒解云:“命犹令也。”彼宗但以清气上升，至高无上，曰天。文中先牒义。

后正难三，初祸福多少不平难二，初申难。

则天之赋命，奚有贫多富少?贱多贵少?乃至祸多福少?

谓天道至公至平，无偏无党，何故而有贫富贵贱，贤愚祸福，多少之异?又复于中，贫贱祸夭者多，富贵寿康者少，世途目击，岂不然哉?奚者何也?

后结难。

苟多少之分在天，天何不平乎？

天实尔者，则公平安在？

二祸福倒置非理难二，初正诘。

况有无行而贵，守行而贱，无德而富，有德而贫；逆吉义凶，仁夭暴寿，乃至有道者丧，无道者兴？

无行而贵，如桀纣为君。守行而贱，如仲尼无位。无德而富，如景公有马千驷，何曾日食万钱。有德而贫，如原宪黔娄之类。逆吉义凶者，如奸邪得志，忠良遇害之类。仁夭暴寿，如颜冉短折，盗跖永年。云有道无道者，如世善人，动辄坎轲，强梁贪暴，触事利宜。自古迄今，此事屡有，世俗每谓天不平，或云天不开眼。故邓攸无子，人谓天不道。斯之谓也。

后辨违三，初牒彼所宗。

既皆由天。

次蹑迹正难。

天乃兴不道，而丧有道；

后显过。

何有福善益谦之赏？祸淫害盈之罚焉？

上句，即彼所宗。天乃下，蹑迹正难。文中且举兴不道丧有道一句，意该前文无行而贵等。何有下，显过；即显彼宗执天命者，自违其教耳。谓《书》云：“天道福善，祸淫言下，民之善恶，天实司其祸福之柄。作善者，降之以福；作恶者，降之以祸淫过也。”此与伊训云：“作善，降之百祥；作不善，降之百殃。洪范享用五福，威用六极。”意同《易·谦卦》云：“天道亏盈而益谦，地道变盈而流谦，鬼神害盈而福谦。”论中，参用《书》《易》之文，故云尔也。又《坤卦》云：“积善之家必有余庆，积不善之家必有余殃。”意亦同此，大抵皆谓天道昭然，祸福不忒。

今见无道兴而有道丧，则似《书》、《易》之说无验，何则且如忠良遇害，则福善益谦之赏全乖？奸邪得志，则祸淫害盈之罚相反？按其文而考其实，全成龃龉。故云：何有良以不推业理，但执天命？故祸福有时而倒置也。

三立教归罪不当难二，初按定。

又既祸乱反逆，皆由天命。

后正难。

则圣人设教，责人不责天，罪物不罪命，是不当也。

先按定谓世人见说古今治乱等事，莫不皆谓天数。今难之曰若由天者，经书所说，只合责天，如何但责人耶？如桀纣幽厉，《诗》《书》所讥；乱臣贼子，《春秋》所贬。曾何不云天命乎？其由狼虎伤人，麋鹿受殃，故曰不当。

三结责非理。

然则《诗》刺乱政，《书》赞王道，《礼》称安上，《乐》号移风，岂是奉上天之意，顺造化之心乎？

若由天命，则《诗》《书》《礼》《乐》，惩恶劝善，使人远祸就福，以承天休者，则成空言尔。何则祸福由天，不在人为？天乃自然之理，不容增损故也。言《诗》刺乱政者，刺，讥讽也。乱政，如人伦废，坏风俗，浇漓之类。然《诗》有国风、雅、颂，其风、雅中有善则美，有恶则刺。今举一端，但言刺尔。

《尚书》有典谟训诰，誓命之异，皆明二帝三王治世化民之道，故曰《书》赞王道。赞者，明也，扬也。《孝经》云："安上治民，莫善于体。移风易俗，莫善于乐。"谓礼别尊卑，使君臣、父子，各正其位，而不敢僭越，故曰安上。乐音歌咏，风俗美恶，故能移薄俗，以就淳风，故曰移风。皆所以规人心于善导，格皇天之休庆也。《书》曰："惠迪吉从，逆凶惟影响。"惠者，顺也。迪者，进也。言以顺而进，则合于天道，故为吉。苟逆于天，心则为凶，故云奉上天云云。

而论云岂是者，反破之词也？世人不知感召之端，实由乎我一向归之天命。不但违佛教因缘之说，亦失周孔《诗》《书》《礼》《乐》之本意。故云岂是言造化者？天之异名，亦曰造物，谓能造作变化万物也。然，前《书》《易》等语，皆明作善得善，作恶得恶，此则因果之理明矣。而但就一世为论，未推宿习，故影响之报，或时相反，况执天命，转见乖张？至下会通，方能尽理。

三结成未了。

是知，专此教者，未能原人。

华严原人论解卷中

长安大开元寺讲经论沙门圆觉述

第二释第二斥偏浅分三，初标牒章门。

二斥偏浅习佛不了义经者。

偏浅之义如下文自释。

二标列五教二，初标。

佛教自浅之深，略有五等。

后列。

一人天教，二小乘教，三大乘法相教，四大乘破相教，上四在此篇中，五一乘显性教，在第三篇中。

此五种教，圭峰约义分判，由所被机，有五乘之异，故能被教有此五种。言五乘者，一人天乘，二声闻乘，三缘觉乘，四菩萨乘，五佛乘。此依华严二地及圆觉弥勒章意，从所求法以立乘名耳。今合声闻、缘觉，而开菩萨，故立此五。

若依法相宗说，五种种性者，一声闻乘性，二缘觉乘性，三菩萨乘性，四不定乘性，五者无性。就不定中，复有四类，一声闻菩萨性，二缘觉菩萨性，三声闻缘觉性，四声闻缘觉菩萨性。其无性者，谓总无前三乘种性。今人天教收彼无性，小乘教收彼声闻缘觉二性，后三教收彼菩萨性；其不定性中间，三教摄之。若依贤首五教者，一小乘教同此第二,二大乘始教当此三、四，三终教，四顿教，五圆教当此第五。良以贤首后三，皆约一乘，故圭峰合之。贤首约同教别教历位无位，开成三异，而彼始教，双收西域空相二宗，以俱未尽大乘法理，故合为初。初即始也。圭峰依西域仍为二，或开或合，各有攸当，不可一准。万松老师于此论中，立九对十八重，总该贤首、圭峰二种五教之义。一苦乐对，以三途对人天。二人天对，以人对天。三定散对，欲界为散，上二为定。四色空对，以四禅对四空。五凡圣对，前四皆凡，后三乘圣。六大小对，声闻缘觉小，始教去皆大。七始终对，法相为始，法性为终。八顿渐对，始终历位，顿教不立。九偏圆对，贤首前四皆偏华严，独为圆教。是则于贤首小教中，曲开前五对，收此论义，可谓辞简而理尽矣。

三正释自四，初人天教，二小乘教，三大乘法相教，四大乘破相教。初中复四，今初牒名。

一、人天教者。

二叙彼立义三，初总明大意。

佛为初心人，旦说三世业报，善恶因果。

初心人者，所被机也。对后三乘，故曰初心。一向方便故云：且说三世业报者，谓过去造业，今世受报；今世造业，来世受报。故曰三世业，即能招之因报，即所招之果。然，业与报皆通善恶，故曰善恶因果。如下广明。

二别叙二，初叙恶因果。

谓造上品十恶，死堕地狱。中品饿鬼，下品畜生。

言十恶者，谓身三：杀、盗、淫。语四：妄言、两舌、恶口、绮语。意三：贪、瞋、邪见。言上品者，泛说善恶，皆有三品，三位明之。一、约境，且如杀生、杀人为上，杀畜为中，蚊蚋为下。不杀反此，谓不杀人为上，不杀蚊蚋为下。二、约心，不论善恶，但猛利心作为上，泛尔心作为下，庸庸为中。三、约时，若善若恶，但三时无悔为上，二时无悔为中，一时为下。

言地狱等者，梵云捺洛迦，此云苦器，即众生受苦之器也。今言地狱，约义立名。有云地者，底也。狱者，局也。地下有狱，故名地狱。总有四类，谓八热、八寒、近边、孤独。言八热者：

一曰等活。谓刀剑剉斩成千万段，以叉拨聚，唱言：活！活！彼即便活。活已复斩，斩已复活，故曰等活。以四王天寿五百年为一日一夜，如是积数，至五百岁。

二曰众合。众山四合，碎罪人身，犹如微尘。以忉利天寿一千年为一日一夜，积此岁月寿一千岁。

三曰黑绳。如世解木，绳抨锯解。以夜摩天二千年寿为一日一夜，寿二千岁。

四曰号叫。以兜率天寿四千年为一昼夜，寿四千岁。

五大号叫。以化乐天八千年寿为一昼夜，寿八千岁。

六曰炎热。以他化天一万六千年寿为一昼夜，寿一万六千岁。

七曰极炎。热寿半中劫，谓从人寿八万四千岁，等百年减一岁，减至十岁，名半中劫，为此狱寿。

八曰阿鼻。此云无间，有五义，故立无间名。一者，作业无间，约治罚说。二者，受报无间，约果报说。三者，受苦无间，约楚痛说。四者，寿命无间，无中夭故。五者，身量无间，谓众生自业，各各自见身满狱中，间无空处，故曰无间此狱，寿命一增减劫。

言八寒者，正云遏部昙，此翻为疱寒苦触身，如疮疱故。二曰疱裂，身冻裂故。此二皆约苦相立名。三、蝎螯沾。四、虎虎几。五、吓吓几。此三约受苦声立名。六、青莲华。七、红莲华。八、大红莲华。寒苦触身变如是色。然此八寒，寿量二说不同。依《俱舍》说，比前更长。若准《瑜伽》说，八寒寿量较于八热次第减半，如按部陀减于等活之半，乃至大红莲华较阿鼻亦尔。依此，则是八寒轻于八热也。

三、近边狱者，八热四门各有四狱，一曰煻煨。沸灰齐膝，下足焦烂，举足如故。二曰尸粪。粪泥齐膝，中有毒虫，下足食尽，举足还复。三曰锋刃刀剑等刃，布为道路，履则割伤。四曰灰河沸热，灰汁或煮或煎，皮肉溃烂。

四孤独狱者，处所不定，或山间树下，旷野城隍等处。依《瑜伽》说，近边、孤独，寿命不定，随业长短。

言饿鬼者，谓长受饥饿，故曰饿鬼。轻重不同，凡有九类。以人间二十日为一日一夜，彼还以三十日为一月，十二月为一年，寿五百岁上。依《俱舍》有云，鬼趣寿命不定，极长者七万岁。

言畜生者，畜者，养也。人所畜养，如牛、马、犬、豕之类，此名则局。或云傍生，傍行而生，通一切飞走之类，此名则宽。别而言之，羽毛、鳞介、蠢蠕、飞潜，其类繁广，于中最福德者，如龙及金翅，皆通四生。然畜趣寿命，长短不定，极长者，寿一中劫，广如别章。此依圭峰《行愿章》引。今言中品饿鬼，下品畜生者，圭峰依杂集等论，故作此配。若依《华严》二地，则以畜生为中，饿鬼为下。清凉引《正法念处经》会云："然此三途，各有边正。正者为重，边者为轻。正鬼望边畜，则鬼重畜轻。正畜望边鬼，则畜重鬼轻。"

后明善因果三，初人乘。

故，佛且类世五常之教，天竺世教仪式虽殊，惩恶劝善无别，亦不离仁义等五而有德行可修，例如此国敛手而举，土蕃散手而垂，皆为礼也。**令持五戒，**不杀是仁，不盗是义，不邪淫是礼，不妄语是信，不饮噉酒肉神气清洁益于智也。**得免三途，生人道中。**

次天乘。

修上品十善及施戒等，生六欲天。修四禅八定，生色界、无色界天。题中不标天鬼地狱者，界地不同，见闻不及凡俗。尚不知末，况肯穷本？故对俗教，且标原人。今叙佛经，理宜具列。

后结门。

故名人天教也。然业有三种，一恶、二善、三不动。报有三时，现报、生报、后报。

五戒十善、四禅八定等是善因，人天等是善果。于中分二，初人乘。言且类者，即比类世，谓世俗。通西域此方，不但周孔说五常也。言五常者，谓仁义礼智信，是人之所常行，造次颠沛，不容离故。注中别会两方世教，以显大同，亦潜通妨难，恐人疑云：佛出天竺，彼国世教仪式，或殊那言类此五常，即应是佛教仿效孔老，作是附会，故为此通云云。又龙树《释摩诃衍论》引道品经，此方所无立四法藏。一补特伽罗藏经云：佛子谛听为汝解说，仁藏、义藏、礼藏、智藏、信藏，并声闻藏及菩萨藏、大觉法藏。所以者何？一切行者渐次转胜，次第之法故。

言天竺者，葱岭之西有五天竺，谓成劫之时，光音天人下生于此，故受天名。梵云印土，或云身毒，讹略云竺。言世教者，谓国王治世之教也。西域有佛法处，依佛法治国，如《金光明》有王法《正论品》，又轮王以十善化世，遵古佛遗教也。言仪式虽殊者，如正朔衣冠之类，随方或殊言惩恶劝善无别者，谓与此方大同。

言亦不离仁等者，德行虽多举其大纲，不出此五，于斯可见天下之理，至当归一圣人之心。若合符节，非周孔特为斯民，而创式也。亦非如来仿效此方，而设教也。例如已下举土蕃与中国礼异，以况天竺与震旦亦然，略举礼之一端，以例仁义之四。是知诸国礼乐互有不同，当论其心，勿责其事，或者封于一隅互相诮讶，岂通论哉？

令持五戒者，若翻前十恶，此合云十善。故《华严》二地中说，十善通五乘。谓下品人因，中品天因，上品三乘因，上上品佛因。而佛于律仪中，又制近事五戒，亦通五乘。故知五戒十善，大同小异，开合随宜。其犹大乘六度、十度耳！注不杀是仁者下，注家以五戒会五常，以义同故。明教大师云：一曰不杀，谓当爱生不可以已辄暴一物，不止不食其肉也。孟子云：杀一无罪，非仁也，故以不杀为仁。二不盗者，谓不义不取，不止攘他物也。孟子云：非其有而取之，非义也。三曰不淫，谓不乱非其匹偶也。而礼别尊卑，故同不淫。四不妄语者，谓不以言欺人，而信者言无反复，故同不妄。五不饮啖者，由饮啖故心神浊乱，情虑痴狂，害于智也。故不饮啖，智思清洁也。然于余说，但云不饮，圭峰加不啖肉，当有所据，或方劝人以为止杀之渐也。

释此五戒全依明教，然此五戒依律仪中，复有支持具阙之异，五皆能持名为支具，或但能持四、三、二等，名为支阙，尽形寿持名为持具，或但能持十年、五年，下至一日，名为持阙。支持相望，应有四句，具阙之义，由此有一分、少分、多分、满分优婆塞、夷。梵云优婆塞，此云近事男，夷，女声也。

于此五中不杀阙故，虽得人身多病短命；不盗阙故，资财乏少；不淫阙故，无好眷属；不妄阙故，言无人受；不饮阙故，诸情暗钝。又此五中前四是性戒，谓杀盗等，体性是罪故，曰性戒。饮酒一戒，是名遮戒，由饮酒乱性，犯前四故，故佛制此，以防前四，故曰遮戒。

言得免三途者，所离恶也。生人道者，所感果也。然五戒十善，皆依师受三归，言下得此戒体。或先受三归，后受五戒十戒，未有不归三宝而得戒者。由归佛故，不堕地狱；归法故，不堕饿鬼；归僧故，不堕傍生。今言得免三途，盖三归之力也。以受五戒必先三归，故略不言。

修上品十善者，此有二意：一者，对前五戒为下，故曰上品，上品即十善也。二者，影略以明人中十善为下，前不言者，合五戒中。故以天中为上品，上品之十善拣下品。故又于天中十善是总，施等为别。谓修十善与散心俱兼行施等，生六欲天，与定心俱生上二界。

言十善者，杀、盗、淫、妄，与五戒同。五、不绮语，谓不饰非言。六、不两舌，谓语不背面。七、不恶口，言必善顺。八、不贪爱，谓心常知足，于有、有具不生染着。九、不瞋恚，谓不以忿恨宿于心。十、不邪见，谓心见正直，无诳无谄。此后六戒诸教标列，或小异同，皆不相违。又有一经中，合语四为三，谓不诽谤、不欺诳、不妄语，加不饮酒、食肉为四。《华严》于语四中，妄言、两舌、恶口、绮语为次。此约重轻为先后也。

嵩公《辅教编》列意三，为嫉、恚、痴。故前释贪，别依唯识。《璎珞》《梵网》，唯局大乘，故此不会。然其意三得为业道者，清凉《大疏》依《瑜伽》释云："贪若未决，但名烦恼。决即名业，瞋痴亦然。故意三中，要具五缘，方成业道。言五缘者，一事，泛言他物，他所摄故。二体，所贪物体，即金银财宝等。三差别，于中有三，一不求，始欲名求，即他物想。二不愿，希得属己，即是乐欲。三不贪，终起夺想为贪。于差别中，前二方便，后一究竟。并前事体，即是五缘。于此五中，若阙究竟，但名烦恼，善恶相反，成业例然。

言及施戒者，谓持十善时，又广行惠施，故感欲天，衣食自然，宫殿随身，眷属围绕。如是果报，由布施故，天人寿长，由持戒故。然前云十善，此又云戒者，此或是近住戒，或出家戒等。如《报恩经》中说，有一日一夜持近住戒，或沙弥戒、比丘戒等，故别言之。而言等者，即等取忍进定，或余善法，谓供养三宝，孝顺父母，修八福田等，但十善为正因，余皆助因。而是有漏心修故，不免轮回，非如菩萨通无漏者。

言生六欲天等者，泛言天者。《俱舍》云：“光洁自在神用，得名总为三界，别为二十八天。谓欲界六天，色界一十八天，无色界四天。”言欲界者，谓饮食、睡眠、男女情爱，故名欲界。

言六天者：一曰、四王天。寿五百岁，以人间五十年为一昼夜，阴阳如人世。二、忉利天。此云三十三寿，一千岁，以人间百年为一昼夜，以相抱为阴阳。三、炎摩天。此云时分，以莲华开合为昼夜，故曰时分。寿二千岁，以人间二百年为一昼夜，以身相近为阴阳。四、兜率天。此云知足，于所受乐常知足故。居处倍前，寿四千岁，以人间四百年为一昼夜，以执手为阴阳。五、化乐天。谓随心意乐，自化乐具，还自受用故。寿八千岁，以人间八百年为一昼夜，以相熟视为阴阳。六、他化自在天。谓他化乐具，自得受用故。寿一万六千岁，以人间一千六百年为一昼夜，以暂瞬目为阴阳。自此已还，名为欲界。

言修四禅八定者，梵语禅那，此云静虑。《法苑章》云：“静者，性离嚣尘、沉浮等障。虑者，专心一志，筹度境门。然，诸无色定有静无虑，纯定心故。欲界等持，有虑无静，多散动故。唯色界中，静虑均平，故得此名。”

言四禅者：一有寻有伺：静虑寻伺，亦名觉观。对治欲界，恶不善法故。然，寻约粗相，伺约细相。二无寻无伺：静虑离前、初禅觉观之心，生欢喜故。三离喜：静虑离前二禅喜心，忧喜双忘，住于乐受故。四离喜乐：静虑离前三禅喜乐，苦乐双忘故。

言八定者，四禅之后，加无色四空定。谓一者、空无边处定：前色界中，所有色想今皆超越，住无边空处故。二、色无边处定：前色与空皆不离识，今皆超越，唯住无边识故。三、无所有处定：前有识可住，今识亦不可得，若心若境，皆无所有故。四、非想非非想处定：前能离心识之想，今亦无故。此与四禅俱名定者，以四禅中有一分定义，故得定名。

言生色、无色界者，由修四禅得生色界，谓有五蕴色身，故名色界。言无色者，谓无粗色蕴，但有四蕴心，及心所依定而住，名无色界。注题中下通妨恐有难云，此既具明五趣，何故题中但标原人不言天等。注先牒难，界地不同下正答应云，界趣不同，或笔误耳。三途人天类趣各别，欲、色、无色依地有殊，言见闻不及者，天堂、地狱、鬼趣，孔老不谈，俗眼不见，故云尔也。凡俗已下约所对机，言尚不知末者，且以天为本，人畜为末者，世人但知人畜草木依天所生，不知人畜从自业招妄，谓天生，是不知末，况能知彼天等果为何物？

纵若说者不过但云，清气上升高明悠久，无声无臭以为至极，更不信有佛教所说，能尽天地之实者。故曰：况肯穷本，岂复能知空生大觉如海一沤者乎？故对下结意，此二句出立题意，今叙下出此文意，故名一句结门。可知注中然业有下辨业报差别，业以造作为义，然体有假实，身语是假，思是实体，然思有三种，谓审虑决定，动发正取，动发方成业道。

谓动身思是身之实，发语思是语之实，审决二思但是方便意业有无。如《法苑章》辨注，一恶者便前三品十恶是，二善者即前五戒十善等是，三不动业者即前四禅八定，对欲界散动，得不动名。言报亦有三时等者，报以酬因为义。现报者，现在作善作恶现身受报，如服狼虎药，立时见效。此约极猛利心作业，故得现报，如琉璃王诛灭释种，生陷阿鼻。法照和尚专念弥陀，生归极乐，更不历中有身也。

二生报者，今生作业来生受报，如今岁种麦来岁收刈。三后报者，今生作业隔生方受，如负二人债，强者先牵善轻，恶重则先受恶报，恶轻善重则先受善报，则以后受者为后报也。此约善恶间杂，复由轻重分先后耳。余经论说，此三之外复有不定报，对时料拣复有四句。谓一时定报不定，二报定时不定，三时报俱定，四时报俱不定等。

三总结。

据此教中，业为身本。

业为身本者，但知此身从业所招，而更不推业从何来。良由根钝未能穷究，此如西方宿作论师所计。彼见今世作善而现身受苦，作恶受乐，便作是思：若由士夫现在所作，即应颠倒。当知，由彼宿世业行，是故今世作善，能坏宿业；宿业既尽，即得涅槃等。

三就彼诘难二，初总诘造受。

今诘之曰：“既由造业受五道身，未审谁人造业？谁人受报？”

彼应答云：“不过是我身心能造故。”

后蹑迹申难，于中二，初身心各别难。于中又二，初难身二，初牒彼所立。

若是眼、耳、手、足，能造业者。

应再诘云："汝言身心能造者，且汝能造之身，不过眼、耳、手、足等而已。若此云云者，牒彼所立。

后正设难。

初死之人，眼、耳、手、足宛然，何不见闻造作？

宛然者，谓分明之义。此以现在例过去也。由彼不了身等是假，执为实能造，故招此难。

后难心二，初总难二，初按定。

若言心作。

后正难。

何者是心？

因前难身，彼辞理屈，遂别执心。故今诘云："汝所言心，何者是耶？ 然佛教说心，凡有四种： 肉团心，五藏中火也。二缘虑心，通八种识，俱能缘虑，自分境故。三集起心，唯赖耶识，集诸种子，起现行故。四坚实心，即如来藏性是也！今人天机，不知后三，故招此难。此与世俗言心，大同。

后别诘二，初肉心二，初正难。

若言肉心，肉心有质，系于身内，如何速入眼耳，辨外是非？是非不知，因何取舍？

言有质者，以肉团心属色法故。但是心等所依，无实作用。言如何速入眼耳等者，然佛说第六意识有二义用：一与五识俱行，如眼缘色时，意亦缘色，分别皂白，起殊胜解。耳缘声等例，亦如之。二、不与五俱，名独头意。如前五不缘境时，内自思等。今人天教，不知缘外境者，是意识作用，执以为心，故招此难。

后结难。

且心与眼、耳、手、足，俱为质碍，岂得内外相通，运动应接，同造业缘？

显肉团心无作用也，如其有用，肺等应然。则诸已死，应能缘虑。

后破执情虑二，初牒彼救词。

若言但是喜、怒、爱、恶，发动身口，令造业者。

恐彼救云："心能喜、怒、爱、恶，发动身口，故能造业。"此乃认情为心，不知喜怒等，但是意识心所法也。

后以理诘责。

喜怒等情，乍起乍灭，自无其体，将何为主，而作业耶？

乍起乍灭者，谓对顺情境，则喜则爱。对违情境，则怒则恶。境来，则起境。去，则灭。殊不知，心体常恒，本无起灭。若境去心无，心即断灭，谁为主宰，而作业也？

二身心相合难二，初先难二，初牒彼救词。

设言不应如此，别别推寻，都是我身心能造业者。

亦蹑前转破也。由前身心别破，彼遂立身心相合义，应先救云"不应如此别别推寻"，都是我身、我心，总合能造，故此牒云，设作此说者。

后蹑迹正诘。

此身已死，谁受苦乐之报？

纵言身心相合，则身死心灭，谁受报耶？若许心不灭，则无此难！

后遮彼转救四，初牒彼救词。

若言死后更有身者。

二正申难。

岂有今日身心造罪修福，令他后世，身心受苦受乐？

恐彼救云：“前身虽死，仍有后身；前身造业，后身受报，复有何过？”岂有下难意，谓若心不威，自作自受，属于一人，于理则可。汝今既报，身心俱灭，则后身心非前身心，不应彼作，而令此受。其犹前官枉法，后官被黜，安有此理？

三结成违理。

据此，则修福者屈甚，造罪者幸甚；

言修福屈甚者，谓现身修福，而由前身所造恶故，令现受苦。如现职官，清廉有德，而以前官枉滥之罪加之，不亦冤乎？造罪幸甚者，今世行恶之人，而以前世善故，得享其福，如现职赃滥，而以前官清廉之功赏之，不亦幸乎？盖不应得而得，故曰幸也！甚，谓过甚。

四结责。

如何神理，如此无道？

神理者，即业理也！业由心造，故得名。神业理至公，必不如此枉滥，但自彼宗不能深究，率情而论，故似枉也！

四结显未了。

故知，但习此教者，虽信业缘，不达身本。

既信业报，则胜前儒老，唯执自然气命等故致。虽言但不知业由心造，心法刹那，自类相续，故云不达身本也。前后论意，皆蹑迹相，破如此人天宗于业报。业报即是儒道所迷，故但举业报足破之矣！未达色心从缘等，是此教所迷，即以小乘复为能破。

二释小乘教四，初牒名。

二、小乘教者。

乘，以运载为义；谓依因缘教，悟生空理，修自利行，取灰断果。运载众生出于三界，故名曰乘。不求大果，阙于利他，故名曰小。小之乘故，拣大得名。此以大乘贬他，立号故尔。

二正明彼教宗三，初总显因缘三，初明缘生果。

说形骸之色，思虑之心。

形骸之色，拣外四大；思虑之心，即意识也！此之色心，即缘生果。

二明生灭相二，初法。

从无始来，因缘力故，念念生灭，相续无穷。

后喻。

如水涓涓，如灯焰焰。

言无始者，拣于外宗有初始，故又但知今世而已。因缘力者，出生灭，所以由内六识为所熏，三毒为能熏，起惑造业为能招。因缘念念生灭者，此之身心，既是有为之法，故有四相迁流。前前念灭，后后念生。相续无穷者，谓后后续于前前不断绝故，如水下举。此二喻以显生灭之相，涓涓点滴，流注不断。而前前非后后，如灯焦炷，前焰非后焰。虽前后不同，不妨相续，无始至今。

三明身心相依以立。

身心假合，似一似常；

身心假合者，互相资持，如束芦故，谓身心为二。而不相离，故言似一。前后生灭而恒相续，故曰似常。

二别明染净因果二，初染五，初因迷起执。

凡愚不觉，执之为我。

凡愚不觉者，无明覆故。执之为我者，即我执俱生。

二因执起惑。

宝此我，故即起贪贪名利以荣我、瞋瞋违情境，恐侵害我、痴非理计校等三毒。

实此我故者，即我执分别。宝者，爱重义故，即起已下，因执起惑，由我执故，生烦恼障。烦恼障品虽复有多，三毒胜故。贪者，《成唯识》云："于有有具，染着为性。于顺情境，起爱着故。"瞋者，"于苦苦具，憎恚为性，注意可了。"《圆觉》又云：由于欲境，起诸违顺，境背爱心，而生憎嫉，造种种业。是故复生地狱、饿鬼。痴者，于诸理事迷暗为性，由痴覆故，于逆顺境不能了达，遂起贪瞋。言三毒者，从喻得名，如毒蛇毒药，触必伤人，服必丧命。此三亦尔，能害众生，法身慧命，故名曰毒。

三因惑作业。

三毒击意，发动身口，造一切业。

击者，熏动义；即以三毒为能熏，意识为所熏。如风击静水，以成波浪。言发动身口，造一切业者，即前十恶等。

四因业感果二，初总示二，初二报差别。

业成难逊，故受五道苦乐等身，别业所感；三界胜劣等处，共业所感。

此报有二：谓五道等身为正报，三界九地为依报。由造十恶，受三途等苦；由修戒善，受人天乐，故云受五道等。注云，别业所感者，人天造受不同故。三界胜劣者，如以欲界望色界，则色界为胜，欲界为劣。以四王望忉利，则忉利为胜，四王为劣。注云，共业所感者，多人同造同感，故名曰共。

后三道不断。

于所受身还执为我，还起贪等，造业受报。

《金刚经疏》序云："惑业袭，习报应，纶轮尘沙劫波，莫之遏绝。"故经论呼人为数取趣，谓数数起惑，造业受报故。《中论·染染者品》云："经说贪欲、瞋恚、愚痴，是世间根本。"乃至云："三毒因缘起于三业，三业因缘起于三界。"是故，有一切法，证此可知。

后别显果相二，初明二报无穷。

身则生老病死，死而复生。界则成住坏空，空而复成。

注明四劫状二，初广叙成劫三，初蹑前标举。

从空初成世界者。

二正引《俱舍》四，初总明器界成立始。

颂曰：空界大风起，傍广数无量，厚十六洛叉，金刚不能坏，此名持界风。光音金藏云，布及三千界，再如车轴下，风遏不听流，深十一洛叉，始作金刚界。

二别明器界成立相二，初正示。

次第金藏云布，再满其内，先成梵王界，乃至夜摩天。风鼓清水，成须弥七金等，滓浊为山地，四洲及泥梨、咸海外轮围。

后结二，初处。

方名器界立。

后时。

时经一增减。

三辨正报成义。

乃至二禅福尽，下生人间。初有地饼、林藤，后粳米不销，大小便利，男女形别，分田立主，求臣佐，种种差别，经十九增减。

四总结时数。

兼前总二十增减，名为成劫。

三会外宗三，初总会四，初标举。

议曰，空界劫中是道教指之，云虚无之道。

二辨异。

然道体寂照，灵通不是虚无。

三纵夺会释。

老氏或迷之，或权设务绝人欲。

四结。

故指空界为道。

二别会三，初合一气。

空界中大风，即彼混沌一气故，故彼云道生一也。金藏云者，气形之始，即太极也。再不下流，阴气凝也。阴阳相合，方能生成矣！

二配三才。

梵王界须弥者，彼之天也。滓浊者地，即一生二矣。二禅福尽下生，即人也。二生三，三才备矣。

三合万物二，初正会。

地饼已下乃至种种，即三生万物也。

后结示。

此当三皇已前，穴居野处未有火化等。

三遣疑二，初明错谬异说。

但以其时无文字记载，故后人传闻不明，展转错谬，诸家著作种种异说。

后重释二教不同所以。

佛教又缘通明三千世界，不局大唐，故内外教文不全同也。

后略辨余三三，初住。

住者住劫，亦经二十增减。

二坏。

坏者坏劫，亦二十增减，前十九增减坏有情，后一增减坏器界，能坏者是火、水、风三灾。

三空。

空者空劫，亦二十增减，空中无世界及诸有情也。

后结无穷二，初法。

劫劫生生，轮回不绝，无终无始。

后喻。

如汲井轮。

注二，初对世教辨优劣。

道教只知今此世界未成时，一度空劫，云虚无、混沌、一气等名，为元始。不知空界已前，早经千千万万遍成住坏空，终而复始。

后结功超胜。

故知佛教法中，小乘浅浅之教，已超外典深深之说。

五蕴初起，曰生。蕴熟衰变，曰老。四大增损，为病。五蕴灭坏，为死。上释前别业所感界，则下释前共业所感界。缘辨果，曰成。暂有所依，曰住。三灾变灭，为坏。荡然无物，曰空。生死相续，成坏相仍，循还无穷，法尔如是。注中别明世界成住坏空之状，于中先广叙成劫，初句蹑前标举，颂曰下正引俱舍颂也。空界者，前界坏劫之后第二十空劫也。又此空界，即空轮也。梵语洛叉，此云亿，谓此风轮厚十六亿。《阿毗昙论》云：世界空二十劫后将成之时，乃有毗岚风鼓之，以为风轮最居其下，厚九亿六万由旬，广十二亿三千四百五十由旬。虽数量小有不同，大抵皆同，风轮居下也。风力大故，金刚不坏，此名一句结风名也。

此风有持界之用，持界即风持业，可知言光音金藏云，至始作金刚界等者，金藏即云之名。云色如金，注水无穷，故曰金藏云，升至光音天也，遏止绝也。若无风止，水注无穷，北山云大云升空降雨如轴，积彼风轮之上，结为水轮。水轮最上，坚凝为金，如乳停膜，是为金轮。

《俱舍》云：水轮厚八洛叉，又因本经云水聚厚六十万由旬，水上别有大风吹转，此水于上成金，如熟乳上生膏，是名金轮。厚三洛叉，二万由旬，论中引颂十一洛叉者，通取水轮八洛叉及金轮三洛叉，故成十一也。此意明金轮依水轮，水轮依风轮，风轮依空轮，空轮最在下，金轮最在上。

次第金藏云下，此明器界成立之相。北山云，三轮既成雨自空飞注金轮上，彼注云雨滴如车轴，昼夜不息犹如河泻。先成梵王界至滑水成者，谓风吹此水，清者上升自上至下，次第先成色界梵王天，及欲界空居四天也。须弥七金等一句，在清浊之间，忉利居须弥顶，四王居须弥之半，故但举须弥，则二天可知矣。

七金者，一踰健陀罗山，此云持双；二伊沙驮罗山，此云持轴；三朅地洛迦，此云檐木；四苏达黎舍那山，此云善见；五频湿缚羯拏，此云马耳；六毗那怛迦山，此云象鼻；七尼民达罗山，此云鱼名。此七皆金所成，故曰七金须弥，居中七金绕之，滓浊为山。地者滓淀也，谓稠泥之属，结为土后，诸山及平地也。四洲即东胜身、南赡部、西牛货、北俱卢。此四居须弥四畔，咸海之中，盖汀渚之谓，故曰四洲。泥犁，即地狱名也。言咸海者，即四洲所依之海，其水味咸，拣七金山间香海，故外轮围者，即铁围山在咸海外，此等皆前滓浊所成。

方名下二句，总结上句，结处下句。结时此总明一大化佛所王一三千界，同时成立。言一增减者，谓从人寿八万四千岁时，百年减一岁减至人十岁时，名曰减劫。复从十岁百年增一岁，增至八万四千岁，名曰增劫。先减后增，合云减增，以顺文故但曰增减。齐此时量名一增减，谓器界成立经尔许时也。乃至已下辨正报成义，引《俱舍》等文。

言二禅等者，谓光音天人受天福尽，当堕人中。此时下生，身有光明，飞行自在，喜乐为食，意生化身，是时大海乍增乍减，开川原路，水所减处有地肥出，如细蜂蜜，香色美味。复生地皮，亦名地饼，地味尽已复生林藤，人皆食之，因贪食故遂失神通，光明亦灭，世间黑暗，菩萨慈悲现作日月星辰照耀。

《起世经》云：宝意菩萨作日天子，宝吉祥菩萨作月天子，宝光菩萨作星宫天子，林藤灭已后生秔稻，朝割暮生。由食米故遂有便利，分男女形爱欲滋彰，人又乃具竞割稻谷，畜积自供，强弱相凌无能制者，集众相议立一智者，为土田主，众共给之，主不能独治故求臣佐等。言种种差别者，即宫室、城廓、舟车、服用之类，经十九劫人理方全，兼前下总结时数具，如《俱舍》等论及慈恩劫章颂说。

议曰：下会释外宗，所以会者，以佛教说从空劫次第有天地万物，而儒老亦以从虚无太极等，渐生天、地、人等，二宗所说为同为异，故须会释以决疑情。今初正会议曰者，论主评也。空界劫中至虚无之道一句，正标举亦牒外人疑辞也。恐人疑云，佛教空劫将非老氏所谓虚无之道乎？以虚无之言同空义故，亦先天地生，似同其时。今论意云，粗说似同，故云尔也。然道体下明究实则异，谓佛教说空劫，对成住坏一向是空，非真空妙有之空也。道之为物至妙虚通，不属空有，若以空为道非真道也。

老氏下，纵夺会释，先夺以显异，详老氏意未必定指空劫为虚无，但彼先天地生及道生一等语，似当其时，恐后人不了，便指空劫遂成执着，故曰迷之。然空劫约时，虚无约道体，岂得同耶？或权设下，纵成显同，其实道非空有，不妨在空同空、在有同有。今老氏约道在天地先，故曰虚无，又欲救人之弊，以世人着有。故老氏云：大道虚无，曷尝有哉？故曰务绝人欲。人欲者，即着有之见

如《道经》云：五色令人目盲，五味令人口爽等是也。又初章云：常无欲以观其妙，常有欲以观其徼，岂非务绝人欲之谓耶？空界中大风即一气者，此风即前持界风，是风轮也。混沌即阴阳未分，老氏谓之冲气也。故彼下引彼文证言，道动出冲和之气，故曰道生一也。金藏云下，会儒门五运之说，雨下不流者，即前云雨如

车轴，下风遏不听流论，以此为阴气，则以金藏云为阳气也。即前一气至此转为阴阳，虽为阴阳而尚未分散，故曰相合，犹属一也。

梵王界下别配三才，寻前论文会释可了，而论以天地为二,三才为三者，盖论主高悟与明皇义异，可以意得不必守文，地饼云云，其义易了。若会儒宗者，梵王已下即太极生两仪，地饼已下即四象生八卦等，言三皇已前者。然依世典说三皇有二项公纪年缉，事引古今说云：混沌初分，清气上升，浊气下沈。此时有盘古出，治一万八千岁，盘古死后形分为物象，遂有山川、草木、日月、云雷等，自此有天皇氏、地皇氏、人皇氏，此名前三皇各治万八千岁，次有巢氏、燧人氏，此后方有伏牺、神农、黄帝为后三皇。伏羲画八卦、造书契，神农作耒耜以播种百谷，尝药草以愈众疾，黄帝制宫室、衣服、舟车、器用，定婚嫁丧制之礼等。而上古之时茹毛饮血，穴居野处，人畜无别，自有巢氏出，教民夏居橧巢，冬居茔窟，方变穴居野处之风。燧人氏兴钻燧出火，民始熟食，故曰三皇已前至火化等。

但以其时下遣疑，恐有疑云：孔老所说与佛教既同，何故此方不说四轮及光音天人下生，而说盘古等耶？故论释云：此方上古之时既无文字可考，所以不得其详，今但据老氏道生一等语及太极五运之说，有与佛教略相似理，故为会之。佛教下重释二教不同所以，纵此方有说才肇兴之事，不过但知四海九州之内而已。而前俱舍等经论所说，乃通叙化佛所王之境。

言三千者，俱舍颂云：四大洲、日月、须弥卢、欲天、梵释各一千说，名小千界。此小千千倍说，名一中千，此千倍大千皆同一成坏。言不局大唐者，论主且约当时云尔，即目震旦国也。如仁王等经论，说此阎浮提有十六大国、二千中国、十万小国，而震旦不在十六之数，故知前会儒老，且欲接此方之机耳，其实内外不得全同。

然《庄子》云：无极之外复有无极，又云六合外圣人存而不论。盖以时机未达，故孔老存而不言，而大雄之化普被三千，遍该五性，其教网恢张不得不尔。然此三千尚约小教，方之华藏，不啻毫末之于大空尔。住者下略辨余三住劫可知坏劫中言，前十九增减坏有情者，谓于一减劫末，人寿三十岁时，饥馑劫起七年七月七日，由漫风吹起，其方所令时节失度，五谷不成，故致饥馑。人寿二十岁时，疾疫劫起，由恶鬼神损害于人，七月七日而止。人寿十岁时，刀兵劫起，草木皆化刀杖互相杀害，唯以刀杖而自庄严，七日七夜而止，当时世界应无有情，此据小教所说云尔。

言后一增减坏器界者，初火灾起坏及初禅，由七日轮起于空时，大地须弥皆发火焰，俱时洞然，以其热故，吸下水轮，水如酥油，一切皆尽。七度火灾之后有水灾起，坏及二禅。七度水灾之后有风灾起，坏及三禅。故论结云，能坏者是火、水、风等三灾，空劫可知。

问：彼时既空，谁复知其劫数耶？答：以他界住劫，较之可知，言劫劫下结无穷。上三句法说，下一句喻明，注中形对世教以辨优劣，文相易了，故知下结，功超胜言。浅浅之教者，后四教相望，前前浅后后深，此乃浅中之浅尔。若对人天则亦次深，然不对彼，以人天教未出三界故。

五结示二，初明轮回所以。

都由不了，此身本不是我。

后释无我二，初标牒。

不是我者。

后正释。

谓此身本因色、心和合为相。

应先问云："何故生死轮回不绝？"答云："都由不了云云。"所以起惑造业，生死轮回。问："何故不是我？”论牒云：“不是我者，谓此下释圆觉云，众生无始，妄认四大为自身相，六尘缘影为自心相，众生不了，妄计为我，离色心外，谁是我者？”

后净二二，初假相析法三，初粗析三，初标。

今推寻分析。

二释。

色有地、水、火、风之四；心有受能领纳好恶之事、想能取像者、行能造作者念念迁流、**识之四。**

承前起由前云，不是我者，本因色心和合成，故外人问云，色心和合，即是我身，那言不是？答：“妄情执着，则似有之。观智分析，则知本无。良以愚法声闻，不了即色明空，要须假想慧数析法，方知是空。故云推寻分析也！色有等者，色以质碍为相，然色通形，显长短、方圆等，谓之形。色青黄赤白等，谓之显色。地水火风名为四大，此之四法，周遍一切有为法中，故名曰大。”

《圆觉经》云：“我今此身，四大和合，所谓发毛、爪齿、皮肉、筋骨、髓脑、垢色，皆归于地。淫涕、脓血、津液、涎沫、痰泪、精气、大小便利，皆归于水。暖气归火。动转归风。四分分之，色在何处？”

心有等者，前色蕴名色，此四蕴名心。蕴者，积聚为义；积聚多法成一蕴故。受，以领纳为相，别有三受：谓苦、乐、舍。想，以想象为相，攀缘前境，追忆往事等行，以迁流为相。然有与心相应、不相应异。且相应者，小乘心所四十六法中，除受、想二法，余皆是也。不相应者，有十四种，《百法论》详明。识以了别为义，小乘唯一意识。

三通略总结。

若皆是我，则成八我。

二细析二，初析色二，初标。

况地大中，复有众多？

后释二，初约体显。

谓三百六十段骨，一一各别。

后约相显。

皮毛、筋肉、肝心、脾肾，各不相是。

论中，举三百六十段骨等，犹是粗说。若从粗至细析者，谓四支五根。渐渐分析，一分析作四分；四分析作十六分，析至极微，名邻虚尘与空无别，方名曰空。

皮毛下，论约相显易知内外，各举其四。各不相是一句，总前多法，既不相是，谁为我者？又前水火风大，此应例准析之。水大易知，火风二大，虽各是同，依根说异；如呼吸奔走，欠伸之类，亦各用别。然，泛明色蕴有十一法，谓五根五境，及无表色。今但说身，故不言境等，应例析之。

后析心二，初标。

诸心所等，亦各不同。

后释。

见不是闻，喜不是怒，展转乃至八万尘劳。

心王所有差别业用，故曰心所。然小乘心所都有四十六法，总成六位，有五十一种行相，广长具如别释。但今论意，欲显此中无实我故，若欲细辨，恐致亡羊。言见闻喜怒者，见闻易知喜怒，即儒宗所谓七情，亦不难前心所法等，论中别举令俗易知。

言八万尘劳者，即八万四千烦恼，略举大数云尔。谓依根本十惑，一贪、二瞋、三慢、四无明、五疑、六不正见、七身见、八边见、九见取、十戒禁取。然，一惑有力，复各成十，十惑成百，计分三品：上品重故，分上、中、下，即成三百。中下不分，但各成百，总为五百。于自，五尘总起五百；于他，五尘总起五百，名本一千。又于自他五尘，一一别起，五百即成五千。依别迷四谛苦集灭道，各有五千，故成二万，并本一千，为二万一千。依贪瞋痴，及等分行，各二万一千，故成八万四千。取坌污义故，扰动义故，名曰尘劳。广如别释。

三显无我三，初总明。

既有此众多之物，不知定取何者为我？

即假设问也。

二别示二，初约即蕴。

若皆是我，我即百千一身之主，多主纷乱。

出过，即有多我之过。

后约离蕴。

离此之外，复无别法。

三总结。

翻覆推我，皆不可得。

即离相待，故曰反复。

二实智断证二，初承前起由。

便悟此身，但是众缘似和合相，元无我人。

前假观析法，以为方便，观行成熟，实智发生。然小乘修行，不出四谛，谓知苦、断集、证灭、修道。于中，苦是世间果，先举令知。

言但是众缘假和合者，即前四大五蕴等，多法聚集。于中，无有实主宰者，名无我人。

后正明断证二，初四谛。

为谁贪瞋？为谁杀盗、施戒？知苦谛也。遂不滞心于三界有漏善恶，断集谛也。但修无我观智，道谛。**以断贪等，止息诸业，证得我空真如，**灭谛。

后四果。

乃至得阿罗汉果，灰身灭智，方断诸苦。

为谁贪瞋等者，为者，与也。反前实此我故，起贪瞋痴。今既知我本空，何用贪、瞋、杀、盗、施、戒！如设筵，宴以待宾亲；严器械，以御寇盗。无宾则杯盘安设？无盗则器械何施？注云知苦谛者，苦以逼迫为义，谛以审实彰名，佛说苦定是苦，故名曰实。如实知苦，即是审义，苦谛之体即五蕴身心。谓此身心是众苦所依，故言众苦者，即三苦、四苦、五苦、八苦等。言三苦者，谓苦，爱苦苦，乐受坏苦，舍受行苦。言四苦者，谓生、老、病、死；五苦者，前四苦上加五阴盛苦；言八苦者，前五之上加爱别离、怨憎会、求不得三，为八苦也。遂不滞心三界等者，从喻得名。如世漏室不堪居止，漏器不堪举用。然，漏有四种：谓欲漏、有漏、无明漏、见漏。言有漏善恶者，谓依造之思同时王所与漏相应，所修善等皆有漏。摄拣无漏善，非集谛也。恶业可知。注云断集谛者，集以增长生死为事，集谛之体通业惑等。

言但修无我观者，即人无我，其实有无常、苦、空、不净等观，及八正道等。今但以无我为门，摄无常等。反前执我故，偏说之。注云道谛者，道以除患，为功正取生空智为体，即前无我等观，兼摄余行为助伴也。言以断贪等者，方蹑前起，即以前道谛智为能断，贪等为所断。三界九地，分别俱生，烦恼障品，皆在等言之中。

言止息诸业者，因惑起业，惑既不生，业自停寝。此断贪等，犹属道谛，相蹑而起。证我空真如者，智有二用：一能断惑，二能证理。我空真如者，即五蕴等中，无实主宰性，一分生空理也，即小乘三种无为：一择灭无为，二非择灭无为，三虚空无为。注中言灭谛者，灭以累尽为名，即惑苦皆亡大患永灭。

言乃至得阿罗汉果者，乃至中间含诸位故。然，小乘断证位次，不出道前七贤，道后四果。言七贤者：

一、五停心观：谓初作五种观想，止息妄心也。一多贪众生，作不净观。有五不净：一种子不净，二住处不净，三自体不净，四自相不净，五究竟不净也。二多瞋众生，作慈悲观。三多痴众生，作缘生观。四散乱众生，作数息观。

二、别相念观：别别观察身受心法。谓观身不净，五种不净如前所说。观受是苦，苦受、苦苦等，亦如前所说。观心无常，念念生灭。观法无我，五蕴假合。四法次第，各别观察，故曰别相。

三、总相念观：谓随身等，即具苦、空、无常、无我四观，一时故名总相念也。此上三位，名三资粮。四、暖位：如世钻火暖相初生火之前相，圣道将起，行相亦然故尔。谓创观欲界，四谛各有四相，共十六相。苦下四者，谓苦无常、空无我。集下四者，集因生缘。灭下四者，灭净妙离。道下四者，道如行出。上二界四谛合观，亦有十六，共三十二。此位之中，初起智观。五、顶位：可动法中此最为胜，如人首顶最极尊故。亦观于前三十二行，心渐成熟故。六、忍位：忍可谛理，故名曰忍。此忍分三：下忍位者印可于前三十二行。中忍别作七周减缘，二十四周减行，如以无常观欲界苦，乃至以行观上界道。上忍唯一刹那，重观欲苦七世第一位，有漏道中最第一故，亦一刹那重观欲苦一行。但智胜劣，与上忍异。此上明道前七贤也。

言道后四果者，于中有四向四果，谓之八辈。初预流向，修十六心，谓上下八谛，各有一忍一智。如缘欲界四谛，起苦法智、忍苦法智，集灭道三例然。上界四谛，名苦类智忍，谓于欲界苦同类故。苦类智等，于中八忍，名无间道，八智名解脱道。前十五心，八无间、七解脱，名预流向；第十六心，第八解脱，名预流果。此位有二行相：一正住果，未断修惑，皆属见道。二进修果，即属修道，断欲界修惑。

六品六无间、五解脱，名一来向；第六解脱，名一来果。但有一度来欲界故。

断后三品，三无间、二解脱，名不还向；第三解脱，名不还果。更不来复欲界生故。

断上二界七十二品，上二界有八地，每地九品，故有七十二品也。修惑七十二无间、七十一解脱，名阿罗汉向。自此已前皆属修道。第七十二解脱，名阿罗汉果。证五分法身，名无学位。梵语阿罗汉，或阿罗诃，此云应。应有三义：一应已永害烦恼贼故，二应不受后有身故，三应受人天妙供养故。

言灰身灭智者，肇公大患，莫若于有身，故灭身以归无。劳形莫先于有智，故绝智以沦虚智。以形患形，以智劳轮转修途，疲而不已。所以小乘得四果已，化火焚身，身智俱灭，入无为界，受寂灭乐。依三乘教，此处应列辟支佛位。论不明者，与前声闻同，观生空理，同断烦恼障，证灰断果，故不别说。

三结成所本。

据此宗中，以色心二法，及贪瞋痴，为根身器界之本也。过去、未来更无别法为本。

《大钞》云："然，小乘计生死根本，虽有多义，略举其三：一计色心。如《正理论》第八说，经部师计现在色心等法，为染净因，意云如大乘第八为所熏故。二者三毒为因义，如大乘能熏故。《阿含》云贪、恚、愚痴是世间根本等。三者合取上二义。同大乘有能、所熏，方流转故。"若尔，焉异大乘？然似参经意而不同者，但六识为所熏，非第八。故纵说赖耶，但有名字。能熏又非七识，故全不同过去、未来等者。此以现在例，余二世同，以色心三毒为本，不求别法。

三就彼诘难三，初标。

今诘之曰：

二释二，初立理。

夫经生累世，为身本者，自体须无间断。

此以大乘义破之。言自体须无间断者，如大乘说第八识，故论云："恒转如瀑流。"又《摄论》云："无始时来界一切法等依。"既言无始时来，则知无间断矣！

后正破。

今五识阙缘不起，根境等为缘，**意识有时不行，**闷绝、睡眠、灭尽定、无想定、无想天。**无色界天无此四大。**

言阙缘不起者，谓大乘说眼识九缘生，耳识八缘生，鼻、舌、身三，七缘生。注中根，即增上缘境，即所缘缘。略举此二等，余缘故随阙一缘，即不得起。言意识者，即独头意识。注中举五位，不行闷绝、睡眠二位。约下地说，无想二定，约上地说，谓无想定中，心想不生，此通外道所求之定。灭尽定者，前六七识一向不生故名灭尽，此定唯圣人得。二定次第应先无想，言无想天者即无想异熟，谓此天中是第六识心、心所等所不行处。此之五位，皆意识不行也。无色界、无四大者，谓此四天都无粗色，但有四蕴心、心所故，得无色。名前五识等，即是无心，此即无色，彼计色心为本。今既皆无，本义何在？

三结难。

如何持得此身，世世不绝？

如大乘中许有第八持种之义，则无此难。

四结显未了。

是知专此教者，亦未原身。

华严原人论解卷下

长安大开元寺讲经论沙门圆觉述

第三释大乘法相教二，初牒名。

三大乘法相教者。

以具修二利，具证二空；运载至于菩提涅槃，究竟彼岸，拣异前小，故曰大乘。广说诸法名数之相，名法相教。

二叙彼所宗二，初总标举。

说一切有情，无始以来法尔有八种识。

言一切者，通五性故。无始法尔者，拣异外道八万劫等。八种识者，一眼识、二耳识、三鼻识、四舌识、五身识、六意识、七末那识、八阿赖耶识。末那，此云意；恒审思量，胜余识故。阿赖耶，此云藏，具能藏、所藏、我爱执藏三义故。

二别明本末二，初标本。

于中，第八阿赖耶识是其根本。

言是根本者，此识执持三性，名言种子与七能变，所变为所依，故从因至果，相续不断，故别名曰心。梵语质多，集起为义，集诸种子，起现行故。缘种子根身器界三类为境，总有三位：

一、我爱执藏位，名义如前。

二、善恶业果位，梵云毗播迦，此云异熟，有三义故，得异熟名。一、异时而熟，过去造业今世受报，今世造业来世受等。二、变异而熟，果生因灭故。三、异类而熟，因通善恶，果唯无记故。

三、相续执持位，梵语阿陀那，此翻执持；谓从凡位直至转依，执持凡圣故。虽果中转成圆镜，亦但转名不转体，故具此多义，故能为本。

二释成为本。

顿变根身、器界、种子，转生七识，皆能变现，自分所缘，都无实法。

言顿变果身等者，释成为本之义。能变，即自证分所变，即见、相二分。故《成唯识》云："变，谓识体转似二分，相、见俱依，自证起故。”依斯二分，施设我法。彼二离此，无所依故。言转生七识者，《成唯识》引《楞伽》云：“譬如巨海浪，斯由猛风起，洪波鼓溟壑，无有断绝时，藏识海亦然。境界风所动，种种诸识浪，腾跃而转生。”故知七识，皆是赖耶转变所成。言皆能变现自分所缘者，谓七识各有见、相二分，各从自证起故。言都无实法者，遮离识外，实我法故。

三征释二，初征。

如何变耶？

外人乍闻识变之义，未达其旨，故作此征。

后释四，初正释。

谓我法分别熏习力故，诸识生时，变似我法。第六、七识，无明覆故，缘此，执为实我、实法。

全是彼论言我法分别者，众生无始六、七二识，横计我法，种种分别，熏在藏识，而成种子。藏识生七识之时，七识各有能变、所变，彼所变境，似实我法。六、七不了，执似为真。所以不了者，由无明覆故。譬如匠者，塑鬼庙门，他日经过，由迷醉故，误为实鬼，而生惊怖，不知元是已所造作。凡夫愚迷，执实我法，不知元是自所熏习，自识变现，亦复如是。

不言余识者，前五第八，无此执故。缘此执为实我法者，谓六、七识。周遍计度，如执空华、二月，以为实华、月等。

二喻明二，初标，二喻。

如患重病心惛，见异色人物也。梦，梦想所见可知者，患梦力故，心似种种外境相现。

此中者字，即目于人，非牒词也。患与梦，是二喻。二中随一皆能妄见，注意易了。言心似种种外境相现者，梦中所见根身、器界，全是心变，离心无别根身、器界故。

后随便举梦二，初喻凡夫迷时。

梦时，执为实有外物。

后喻圣者了悟。

寤来，方知唯梦所变。

上标二喻，此下随便，但举梦尔。上喻凡夫迷时，寤来方知。下喻诸圣者，了唯识理故。

三法合二，初总合。

我身亦尔，唯识所变。

应云根身、器界亦尔，文影略故。

后别合二，初合梦时。

迷故执有我及诸境，由此起惑造业，生死无穷。广如前说。

后合寤来。

悟解此理，方知我身，唯识所变。

迷故执有下，合前梦时等，由此起惑云云者，如梦中人，执于梦境为实有，故于梦中，或悲或喜，受苦受乐，种种异相。注云：广如前说者，即指前人天小乘中所说善恶因果等，大乘望之皆识所变，前宗不了谓为实有，若释行相与彼不殊。悟解此理下，合前寤来已下之文。言唯识所变者，唯者，拣持义；拣离识外实有之法，持取识所变法，非全无也。又唯者，决定义；决定唯有能变识故。又唯者，显胜义；非无心所等，但识胜故。举王摄所故，但言识，识以了别为义，八皆了别故，广如彼论。

四结成所本。

识为身本。不了之义，如后所破。

结成所本，注指后破可知。

第四释大乘破相教四，初牒名。

四、大乘破相教者。

二释。

破前大小乘法相之执，密显后真性空寂之理。

注二，初标。

破相之谈。

后释，二初双指二，初经。

不唯诸部般若遍在大乘经。

后时。

前之三教依次先后，此教随执，即破无定时节。

二引义证成二，初证解通显密二，初双标列。

故龙树立二种般若，一共般若，二不共。

后双释。

共者二乘，同闻信解破二乘法执故；不共者唯菩萨，解密显佛性故。

后证明通前后二，初正明。

故天竺戒贤、智光二论师各立三时教，指此空教，或云在唯识法相之前，或云在后。

后辨取舍。

今意取后。

问：据下文中，但有破大乘法相之文，曾无小乘，此合双举？答：大乘既破，小岂复存？若别言者，与前不异，故不重说。言破执者，佛于权教之中，就世俗谛分别蕴处界等，差别之法。欲显从缘假有，渐渐诱物，令知世、出世间诸法本空，悟无生理。众生不了，执为定实，故佛说空教，破彼诸法定相之执，名破相教。盖但除其病，非除药也。言密显等者，拣非明说，故云密显真性空寂之理。即显性教中，所诠是即妙有之真空，非但空也。二宗空义，要须审知。注中分二，初双指经时，不唯般若遍在大乘是指经也。泛常多云，阿含四有，般若八空，今不但指般若名破相，余经亦有。如《华严》云：法性本空寂无取，亦无见性空，即是佛不可得思量。《法华》云：诸法从本来常自寂灭相。《涅槃》云：乳无酪性，石无金性，众生佛性犹如虚空，迦毗罗城空、大涅槃空等《金光明·空品》之类。

但诸经中有破情处，皆属破相，良以此宗判教不局部帙，故曰遍在前三教下，即约时也。《智论》云：从得道夜，乃至涅槃常说般若，故云无定时节。是知以空为第二时者，就一类说非尽理也，故龙树下引义证成于中有二，初证解通显密，即《智论》意于中，先双标后。共者下，双释言破二乘法执者，然声闻有二，一者愚法声闻，一向不信大乘故。二者广慧声闻分达法空，故《大品》云欲得声闻乘，当学般若波罗蜜等。

肇公云，三乘同观性空而得道也。不共者下，菩萨闻空便知是即有之空有，遮表耳故，不着空见，不同二乘闻空便厌有为，于严土利他，不生欣乐，但欲趣寂。又如天台别教，以《华严经》声闻在座，如盲如聋，名不共教。亦依此论，则知不共有二义故，一属通教则有般若，二属别教则在华严。故天竺下，证时通前后，言戒贤、智光等者，依《华严大钞》，指贤首起信疏初显教分齐。

中叙今略引云，谓天竺那烂陀寺同时有二大德，一名戒贤、二名智光。戒贤依深密等经、瑜伽等论，立三时教，以法相大乘为了义，谓佛初时说阿含等有教，第二时说般若等空教，第三时说深密等经，明唯识道理不空不有中道之教。智光依妙智等经、中观等论，亦立三时教，以无相大乘为真了义。

谓佛初时说有，第二时说不空不有唯识之教，以根犹劣未能全入平等真空，故第三时方就究竟，而说缘生即空平等一味真空之教，故云各立云云。言或云在唯识前者，戒贤义也，或云在后，智光意也。今意下辨取舍，以约破相，意显性故取此。尔若空性相望，遮表有殊，知下自见。

三破法相二，初正显所破二，初总诘。

将欲破之，先诘之曰："所变之境既妄，能变之识岂真？"

《大疏》叙智光义云："次第二时也，渐破小乘缘生实有之执，故说依他似有，以彼畏怖。此真空故，犹存假名，而接引之。"今则实有之执既亡，假名一将何立？故破之耳。彼宗意云，梦所见境虽非实有，能见梦想则不是无，故有力能变于境。今用无相宗，心境俱空义诘之，意云心境二法，相待以立境，既不有心，何独存故？云尔也。二别难相违，二初心境有无成异难，二初蹑彼所立以按定。

若言一有一无者，此下却将彼喻破之，则梦想与所见物应异。

彼立心有境无，故注意由彼前来举于梦喻，成立境空心有义。彼谓梦境是无梦想，且有今就彼喻以难之。云若如所立，则心境成异，以一有一无故，虽难之，尚未显过故。但云按定后段，蹑此方显过也。

后就各异以辨违。

异，则梦不是物，物不是梦；寤来梦灭，其物应在。

彼云，设如心境异者，有何过耶？故复难云，异则心境相乖，何以故？以能梦非所梦故，既梦与物两不相是，即应梦觉物只在也。如庄周梦蝶蝶，若非梦，梦亦非蝶；庄周睡觉，蝶应尚在，以周与蝶二物异故。法中可知，此则反彼境空心有，成心空境有也。

后心境相乖，非理难。

又物若非梦，应是真物；梦若非物，以何为相？

言应是真物者，如周所梦蝶，应是真蝶；若是真蝶，还成境有。乖唯识故，问此与前难何殊？答前约有，无此约真假，前过尚轻，容假有故，此过尤重，真即实故。言梦若非物，以何为相者；如梦不是蝶，应离蝶外别有梦相。若别有者，其相若何？彼应无答。

二归复能破二，初对前显胜三，初申今正义三，初就喻明空。

故知梦时则梦相、梦物，似能见、所见之殊，据理则同一虚妄，都无所有。

初二句，明随情似有；后二句，究实元空。《圆觉钞》云：所言梦者，但是寤人睡时，本有识心，由昧略故，忽然妄现能见之想，及所梦身所见境界等相，即呼此相而为梦也。于此虚妄一梦之上，似有内心外境之异，内心即倒想，外境即梦所见身，及所经由之地等。理实而言，心外无境，境外无心；所见之境，既脱体全空；能见想心，岂独是有？故曰同一虚妄都无所有。

又梦所见境，分明似有，岂便有耶？若谓能执之想，寤来虽无不妨，未寤之时，而是有者。所见之境，寤来虽无，不妨未寤，亦应是有。若尔，即是心境俱有，何言唯识？是知众生本有性净、真心，由不了故，遂有三细六粗等现，即呼此等，云唯识也。于此妄识之上，似有内心外境之殊，其实境是识境，识是境识。

佛于权教，说唯识理者，良由未显性净真心，且含在第八识中，以接劣机，待其根熟，方显心境俱空，至终教了义，方显真心本觉也。

二法合二，初正合。

诸识亦尔。

正合。

后释成。

以皆假托众缘，无自性故。

由此八识，托众缘生，谓亲因缘识种子是、增上缘所依根是、所缘缘境界、等无间缘谓前念引后念，八识皆具此四缘。别而言之，眼识九缘生等，既托诸缘，即无实自性也。此以破相宗意，结示正义云尔。

三引证三，初中论。

故《中观论》云："未曾有一法，不从因缘生，是故一切法，无不是空者。"又云："因缘所生法，我说即是空。"

次起信论。

《起信论》云："一切诸法，唯依妄念而有差别。若离心念，即无一切境界之相。"

后金刚般若。

经云："凡所有相，皆是虚妄。"又云："离一切相，即名诸佛。"如此等文遍大乘藏。

所引虽云破相，义兼实顿，寻文可知矣。今初先正引三文，后注总结，引中观偈意。初二句，出诸法空，所以法若实有，则不假因缘，既假因缘，即无自性。后二句，正显空也。后又云下，显即色明空，拣于二乘析法空也。下半云亦为是假名，亦是中道义。今但用前半，成立空义耳。《起信论》下，即彼真如门之文，正属顿教，意兼破相。言一切诸法者，即前教我法等。唯依妄念者，即前教八识等。谓前教我法等，皆依八种妄识所变，有种种相，离识之外，无别我法，故云尔也。此约所对生灭门中，就世俗谛则有；若离心念下，以真夺俗。就真如门能变之心，尚不可得，况所变境？心境两忘，离言绝相，即契真如门矣。

后半正是顿宗，绝待之义。故论不引经云下，金刚般若文也。因须菩提疑云："若菩萨修离相行，云何感得三十二相等有相之果？"故佛呵云："须菩提！汝以三十二相为真佛耶？"故曰凡所云云。谓三十二相，从缘假有；如幻如化，故曰虚妄。若取相者，非见佛也。下云："若见诸相非相，即见如来。"意恐须菩提见呵有相为妄，却执无相为真。虽离有边，还落断见故。佛意云，若知诸相从缘本空，即不离幻相，便见真佛。非离相外，别有佛耶？今但用初二句，以相空妄，显破相义。其下二句，通显性，实教义，故不引之。又云下亦是破相，经言一切相者，凡夫所执，五尘色相等，皆情计妄有。若离情计，相本寂然，清净法身，于斯显矣。皆破相义。

二断义。

是知心境皆空，方是大乘实理。

即蹑前所引，结成正义。拣前法相，一有一空，非尽理故。

三结成所本。

若约此原身，身元是空，空即是本。

三用后显性义以难破相二，初标。

今复诘此教曰：

后释三，初蹑前总征二，初约人以诘。

若心境皆无，知无者谁？

言知无者谁，由此教中，但约遮诠，说一切皆空，未显不空真实之性。故肇公云："若无圣人，谁与道游？"故云知无者谁。

后约法以诘。

又若都无实法，依何现诸虚妄？

如实教中，世、出世法，皆依不空本觉心现故，《起信》云："二者因熏习镜，谓如实不空，一切世间境界悉于中现。不出不入，不失不坏；常住一心，以一切法即真实性故。"《圆觉》云："一切诸众生，无始幻无明，皆从诸如来圆觉心建立等；皆显真心随缘成事，不但寂寂而已。"

二立理正难三，初现量相违破二，初立理。

且现见世间，虚妄之物，未有不依实法而能起者。

后指陈。

如无湿性，不变之水，何有虚妄假相之波？若无净明，不变之镜，何有种种虚假之影？

此有二意：一者、若望前立理之文，即指事别明，谓前言虚妄之物，必依实法起者，何者是耶？故指此二事，云如世波水、镜像之类，是也。二者、若直望法即二喻也，依理成事，有类于斯，喻意可知。

二纵前夺后破二，初对前明顺。

又前说梦想、梦境，诚如所言。

即前难法相者，是诚如所言者，纵成顺理，盖心境俱空之义。若对法相，境空心有，则深有理。

后对后显进。

然此虚妄之梦，必因睡眠之人。

若望实教，则阙妙有义。在睡眠之人，喻所依实性。

三反质结破。

今既心境皆空，未审依何妄现？

但知梦想与梦境皆空，而不言睡人，则未尽理。

三结成未了三，初正结。

故知此教但破执情，亦未明显真灵之性。

二引证二，初法鼓。

故《法鼓经》云："一切空经，是有余说。"有余者，余义未了也。

后大品。

《大品经》云：“空是大乘之初门。”

可知，既佛有明文，则非是论主强破之也。佛意说空，但为破执。执为究竟，岂尽佛心？然，空性二宗，若望法相，则显大同；若空相望，则亦成异。大抵，空约密意遮诠，性约显了直说。《圆觉疏》五对《禅源诠》十异，恐繁不录。

四总结三，初正结。

上之四教，展转相望，前浅后深。

二释成偏浅二，初浅。

若且习之，自知未了，名之为浅。

后偏。

若执为了，即名为偏。

先释成浅，虽前云有浅有深，若望显性，总名曰浅。后释成偏，故知浅深就法偏圆。约人，执则成偏，法非偏也。又清凉大师云：“圆机受教，无教不圆。偏机受教，圆亦偏矣。”若但执显性不融前教，未免亦偏。良以根有渐顿之殊，故教有浅深之异。若也博究圆解，方可会其渊源。如其受一非余，安得穷乎圆妙？

三双结二名。

故就习人，云偏浅也。

第三、释直显真源三，初标牒大门。

三、直显真源，习佛了义实教者。

直显真源者，真源，即此教所明觉性。拣非虚妄，曰真；物之妙本，曰源。对前四教，得直显名，谓前四教中，亦有真性，但随机屈曲，未直显了此教。随佛自意，究竟而说，非约随机，方名直显耳。

二当教大旨二，初总彰大意七，初标教。

五、一乘显性教者。

二明真心本有。

说一切有情，皆有本觉真心。

一切有情，即标举能有之人。言有情者，拣木石等故。言一切皆有者，拣一分半无故。本觉真心一句，标举所有之法。言本觉真心者，觉以了悟为义；谓真如一法，灵明鉴照，性出自古，故曰本觉，即对始觉，得本觉名。摩诃衍论本觉二字，各具十义，恐繁且置，拣异妄识，故曰真心。若作释者，亦本亦觉，同依立名。若拣始觉，本之觉也；本觉，即真心持业可了。

三辨其性德。

无始已来，常住清净，昭昭不昧，了了常知。

亦别释其相，此二句释本义，即起信中，常乐我净义，自性清净心义，清凉不变自在义。昭昭下二句释觉义，即大智慧光明义，遍照法界义，真实识知义。

四依义立名。

亦名佛性，亦名如来藏。

佛即觉义，性即本义，此与本觉眼目殊称。又性目现因，佛约当果。谓此真心，是成佛之正因，故曰佛性。又泛言性者，通情、无情，今言佛性拣无情义，故觉以照察为义，局有情故。言如来藏者，谓如来即出缠果法，离倒曰如出缠，名来藏，以隐摄彰名。言众生在缠之因，含摄出缠之果。虽有烦恼隐覆，而性恒不变，即藏之如来或如来之藏。皆依主释。

五明妄覆不知。

从无始际，妄想翳之，不自觉知。

翳者，障弊义。妄想翳之一句，出不觉。所以，不觉知者，正显迷真故。

六明其执妄。

但认凡质故，耽着结业，受生死苦。

言耽着者，即爱染也。结，即是惑，即惑业苦三法具矣。谓此众生，由迷本觉真心法尔，便执虚妄身心为我。由执我故，起惑造业，受生死苦。《圆觉经》云：“一切众生，从无始来，种种颠倒，犹如迷人，四方易处。妄认四大，为自身相；六尘缘影，为自心相。”由此妄有，轮转生死，故名无明。

七显如来开示二，初破妄执。

大觉愍之，说一切皆空。

说一切皆空者，破妄执也。

后显性。

又开示灵觉真心、清净，全同诸佛。

《法华经》云：“如来为一大事因缘故，出现于世。所谓诸佛世尊，欲令众生开佛知见，使得清净，故出现于世。欲示众生，佛之知见，故出现于世。欲令众生，悟佛知见，故出现于世。欲令众生入佛之知见道，故出现于世。”嘉祥释云：“开示，约能化佛；悟入，约所化机。能化之佛，大开之与；曲示所化之机，始悟之与。”终入佛知见者，即此论，灵觉真心也。

全同诸佛者，圣凡平等，无增减故。《涅槃经》云：“一切众生，同有佛性，皆同一乘，同一解脱。一因一果，同一甘露，一切当得常乐我净。”清凉释云：“非但因同，果亦同也。”

二别引教成立，一论大意三，初约法总证二，初正示。

故《华严经》云：“佛子！无一众生，而不具有如来智慧。”

此为宗极，题标华严，良在兹矣！所引即《出现品》，彼明佛智总有十喻，此即第十大经潜尘喻。言佛子者，标告当机也。无一众生，而不具有如来智慧者，准清凉《大疏》释此一文，总有三意：一明生等有因，二明因有果智，三明自他交彻。今初无一众生而不有，则知无性者非众生数，谓草木等，已过五性之见。彼钞释云，则知无性下反成上义，即涅槃云：除墙壁瓦砾，余皆有佛性。故无佛性则非众生，凡是有心，定当作佛，则无一不有以一切人皆有心故，则知言无佛性即无心也。无心宁异瓦砾等耶？此是涅槃一性之宗，故云已过五性之见也。

二者、众生在缠之因，已具出缠果法，故云有如来智慧。钞云二明因有果智，拣胜初义，但有佛性。于中三初正立，二正拣，三结勤。今初谓远公等释涅槃，言因性本有，果性当成，今因有佛智，佛智非因，故超前也。所以有者，因果二性无二体故，若因无果性，果是新生便有始，故有始佛性非常住故。非但有性，后方当成，亦非理先智后。钞云第二正拣前义，于中二一拣因果不同，谓前义意如木有火性，钻方生火，乳有酪性，缘具成酪。今此中意果尚本有况于因性，况当有耶？言亦非理先智后者，二拣理智两别，若唯理为先有者，则第一义空不名智慧。以理智异故，无漏智性本自有之，不应理故，大智光明非本有故。智后生者，果无常故，能证所证成二体故。是知，涅槃对昔方便，且说有性，后学尚谓谈有藏无，况闻等有果智，谁当信者？是知涅槃下第三结会劝信，谓涅槃终极会昔有余，四十九年多说三乘五性之教，机习已久难可顿移，且说有心皆有佛性，一经前后纵夺合离。而其明言凡是有心定当作佛，后学尚谓谈有藏无者，即大乘法师法华疏意、涅槃经言，一切众生皆有佛性，总谈皆有欲奖众生，实而明之，通别类异，亦有无者藏在一切总有之中。言通别类异者，通相皆有别，拣有无有无不同，不应一例言。况闻等有果智，谁当信者？即举今宗，结成难信，劝物信耳。

三彼因中之果智，即他佛之果智。以圆教宗自他因果，无二体故。若不尔者，此说众生有果，何名说佛智耶？斯则玄又玄矣，非华严宗，无有斯理。三彼因中之果智下，第三自他交彻，谓诸凡夫因中果智，即他诸佛已成果智。自身佛性一身竖论，他佛在凡，自他横辨，故更玄也。不尔此说众生下，以理戒立，自他平等，谓此章中举其十喻，以辨佛智。忽引众生有佛智者，何名为说诸佛心耶？明知是说众生之心为佛心矣。斯则下，乃结叹归宗也。

二释通疑难二，初顺答前义。

但以妄想执着，而不证得。

疑云：涅槃云佛性者，名为智慧。有智慧时，则无烦恼。今有佛智，那作众生？释中，先顺答前义，谓倒故不证，岂得言无？如壮士迷于额珠，岂谓肤中无宝？钞如壮士云，云者即《涅槃》第八《如来性品》，经文广长撮略。引云，佛告迦叶：善男子！譬如力士眉间有珠，因与人相扑，被彼头触，珠陷皮底，因而成疮。命医治疗，医既视之，即知是疮因珠入肤。问力士云：汝珠何在？答曰：我珠已失。良医语云：珠在皮中，初未曾失。力士不信，取镜视之，明了显现，力士见已即生欢喜。珠喻佛性，皮喻烦恼，失喻不知，医喻善友，镜喻教理，力士见珠喻众生见佛性云尔。又《圆觉钞》云："凡夫妄想，二乘执着经文。"

更有颠倒二字，乃通上二。

二以理顺成。

若离妄想，一切智，自然智，无碍智，即得现前。

若先无离倒，宁有既离倒，则现明本不无？如贫得珠，非今授与，是以涅槃恐不修行故云。言定有者，则为执着，恐不信有故云。若言定无，则为妄语，乍可执着，不可妄语。自然智者，自觉圣智也。无碍智者，始本无二绝二碍也。钞言如贫得珠非今授与者，即《法华·五百弟子授记品》说系珠喻，喻令解得。记经云：譬如有人至亲友家醉酒而卧，是时亲友官事当行，以无价宝珠系其衣里与之而去，其人醉卧都不觉知，起已游行到于他国，为衣食故勤力求索甚太艰难，若少有得便以为足。于后亲友会遇见之，而作是言：拙哉！丈夫何为衣食乃至如是，我昔欲令汝得安乐，五欲自恣于某年日月，以无价宝珠系汝衣里，今故现在而汝不知，勤苦忧恼，以求自活，甚为痴也！汝今可以此宝，贸易所须，常可如意，无所乏短。

下合可知，然系珠有二：一约结缘，则圆解为珠，为说为系烦恼惛醉，少有微解，故曰系珠。五道求乐为勤力艰难，证小涅槃不求大果，云得少为足。后闻法华为会遇亲友，示以知见如得衣珠，以因易果无乐不得，昔以系之，故云非今授与。二约本性，然其昔系亦非新与，未知令知，故云系耳。

今疏正取本性系珠，以成本有，故云非今授与。是以涅槃下以《涅槃经》结成上义，执着过轻乍可言有，妄语过重不可言无，况无着而知决须有矣。今言始本无二绝二碍者，此有二意，一则众生本有佛智，是则本觉不碍始觉，如是而证名无碍智。二者断障显了，则无烦恼、所知二碍矣。

二举喻别明二，初喻。

便举：一尘含大千经卷之喻。

后合。

尘况众生，经况佛智。

论中，撮略标引而已。然，经中长行文广，今引偈颂云：

如有大经卷，量等三千界；在于一尘内，一切尘悉然。

有一聪慧人，净眼悉明见；破尘出经卷，普饶益众生。

佛智亦如是，遍在众生心；妄想之所缠，不

觉亦不知。

诸佛大慈悲，令其除妄想；如是乃出现，饶益诸菩萨。

此中四偈，前二偈喻明，后二偈法合。前中初偈，明大经潜尘，后偈明出经益物，后二偈亦然。今论此段，即法喻中，各前一偈。意以喻文文，妄缠佛智也。《大疏》云："大经卷者，喻佛智无涯，性德圆满也。等三千界者，喻智如理故。一尘喻众生者，略有三义：一妄覆真故，二小含大故，三一具多故。一切尘者，喻无一众生而不具有佛智故。"

三证佛开示二，初合尘含大经。

次后又云："尔时如来，普观法界一切众生，而作是言：奇哉！奇哉！此诸众生，云何具有如来智慧，迷惑不见？"

后合破尘饶益。

我当教以圣道，令其永离妄想，自于身中，得见如来广大智慧，与佛无异。

证佛开示，即合尘含大经。如来合前总慧人，普观下，合净眼悉明见。奇哉者，嗟叹之词。奇者，异也，非常之异，故重叹之。谓众生烦恼垢染身中，而有圆明佛智。如贫女而怀轮王胎，弊衣而裹无价宝，可谓世间之异事也。若后妃怀王，锦囊贮宝，则非异矣。

此诸众生下，明所叹之事，有而不见，是须开之。所以我当以下，正合破尘饶益，永离妄想，即合破尘，得见智慧；即合出经卷，普饶益众生。

三依教原人三，初辨迷悟二，初叹昔迷二，初明迷执之由。

评曰：我等多劫未遇真宗，不解反自原身；

言真宗者，即华严一乘实教。多劫未遇者，阙胜缘故。不解反自原身者，阙亲因故，即内无始觉，了因之智。大抵佛法假藉因缘，既因缘俱阙，何由得悟？

后显迷执之相。

但执虚妄之相，甘认凡下，或畜或人。

既迷真性，所以执妄，由执妄故，永处下流。故裴相国《发菩提心文》云："我有真身，圆满空寂者，是也。我有真心，广大灵知者，是也。舍而不认，而认此身妄念。随死随生，与禽兽杂类比肩受苦，为大丈夫者，岂不羞哉？斯之谓也！"上辨昔迷。

后显今悟。

今约至教，原之方觉，本来是佛。

遇至教为胜缘，解心内发为因，了妄即真，反迷成悟。其犹大富长者，诸相具足，忽因惛睡，梦作贫贱。丑陋之身，乞丐受苦，无所不至。忽人呼觉，方知元是福德之身，从前梦境，全成虚妄。故屏山云：“原人一论，即觉者之一呼也。”

二依悟修证三，初约悟修。

故须行依佛行，心契佛心，返本还源，断除凡习。

二别明证。

损之又损，以至无为。

三正明证悟之相。

自然应用，恒沙名之曰佛。

行依佛行者，称性悟入故，前言悟者，即属解悟。此言悟者，通证解故。返本还源者，与体相应也。断除凡习者，达妄本空，无断而断也。言凡习者，即二执二障也。然诸障品有三，谓种现习于此。三中习气最细，举细况粗，且言习耳。然依此宗说断证者，《大疏》云：“照惑无本，即是智体。照体无自，即是证如。”谓迷时说惑，悟时说智；惑体智体，无二体故。故知，妄惑性空，全是智体，即此智体，从缘无性，无性之性，全是真如。又即寂之照，曰智；即照之寂，曰如。寂照双融，如智一体，实教断证，大意如是。

又《十地经》云："非初非中后，非言辞所及。"天亲论释上句云："是断结相，此智尽漏，为初智断？为中？为后？"答云："非初智断，亦非中后。"偈云非初非中后故。若尔，云何断耶？论云："如灯焰，非唯初中后，前中后取故。"谓唯取一时，则不能断三时。总取方说能断，假三时断，则无定断性。谓初若能断，不假中后；后若能断，不假初中；既假三时，故知无性。一一准征，三皆不断，是故经言非初非中后，由三时无断，方能断结。是故论云前中后取故，论主总取三时，方显三时无断。经论言反，意乃相成。经则约性，论则约相。性相无碍，方能断结，此通实教。若直就圆教说，一障一切障，一断一切断。良以一念迷处，法界皆迷；而称性断一惑时，一切皆断。由一与一切，互为缘起，故一法称性，遍一切故。不坏相故，不妨别断。以别该同，皆是华严圆宗断证。

损之又损下，前约悟修，此别明证损之。又损者，蹑前断习，起后证也。上一损字，即前能断，下云又损，遣能断心。良以了妄本空，假名曰断，执有实断，安能造玄？故并断心，亦遣之尔。故云又损，则能所双亡，方契无为矣！此言无为即真如性也。然此二句语，借《道经》彼云："为学日益，为道日损，损之又损之，以至于无为。"彼意谓为俗学者，务求多闻，日有所益。修道之士，绝学弃智，反其朴素，故曰无为。今但文同，义则各异。

自然下，正明证悟之相。言应用恒沙者，前心契佛心，即同佛体。今显即体之用，尘尘出现，念念圆成，故曰恒沙。盖迷时成恒沙尘劳，悟后成恒沙妙用。故清凉《心要》云："心心作佛，无一心而非佛心。处处证真，无一尘而非佛土。"良以知一切法，即心自性，故得成就慧身，不由他悟。

三结叹深玄二，初总结前意。

当知迷悟，同一真心。

迷悟同一真心者，前文广说迷悟之相，皆约于人。谓迷时号众生，悟时名佛，而其所迷，即同所悟，一真心体，本无异也。《大钞》云："动静迷悟，虽有二门，所迷真性，一源莫二，莫二之源，即一体也。"《大经》云："心佛与众生，是三无差别。"故曰同一真心。

后别叹理深。

大哉妙门！原人至此！

注释残疑二，初总标。

然佛说前五教，或渐或顿。

后别释二，初渐二，初总示。

若有中下之机，则从浅至深，渐渐诱接。

后释。

先说初教，令离恶住善，次说二三，令离染住净，后谈四五，破相显性，会权归实，依实教修乃至成佛。

后顿二，初总标。

若上上根智，则从本至末。

后别释

谓初便依第五，顿指一真心体，心体既显，自觉一切皆是虚妄本来空寂，但以迷故，托真而起，须以悟心之智，断恶修善，息妄归真，妄尽真圆是名法身佛。

大哉者，叹词也，包括凡圣，彻究真源，故曰大也。教为入理之门，从其所诠，得名曰妙。或能诠、所诠，皆曰妙门。圣智悟入之所由，故原人一句，出其所以，亦对前显胜，过此已往，更无妙门。然佛下注释残疑，恐人疑云：前之五教皆是佛说，此既玄妙即应前四智无用耶？答：机有胜劣，教设多方，若唯一门，逗机不足。又问：既有五教未知所被之机，皆要历此五不故？此答云：机有顿渐，或历不历，不应一准，若有下别明渐顿，于中先明渐、后明顿。言中下之机者，论文从略，中下合明。若别说者，应云，若下机者先从人天，次入小乘，渐渐经历乃至第五显性。若中机者，不由人天，便从小乘或从法相，乃至显性。论不言上机者，文影略故。

前有中下，后有上上上机，必然亦应具云，若上根者不历前二，或从法相或从破相，便入实教。中间更有不定之机，或从人天不历小乘，便入大乘，或从人天直入显性，或从小乘直入显性，良以众生根性有多差别，论不繁文，可以意得。言先说初教令离恶住善者，以修五戒十善，离三途恶，住人天善。故离染住净者，染谓二执二障，净即三乘圣果，会权归实，不唯华严、法华、涅槃，亦此宗故，若上上根下明顿机也。

上上根者，即圆融机从本至末者，此句总标，即以显性为本，渐次乃至人天为末。谓初下别释，从本至末之相，顿指一心是显性教，本来空寂，即破相教，托真而起，即法相教，谓能双所变，皆以真如为实自性。《唯识》云：此诸法胜义，亦即是真如，常如其性故，即唯识实性，即其义也。断恶修善，即通大小乘及人天戒善，但以悟真之智，断修异于前渐不悟而修也。

良以此宗先悟毗卢法界，后修普贤行海，虽人天戒善，靡有孑遗。是故不悟而修如土作器，器器皆瓦；先悟而修如金作器，器器皆金矣。息妄归真者，应有问言，既悟一真心体，了知法法全真，何必更须息妄？答：《楞严》云，理则顿悟，事须渐除，良由无始习深，云何顿去？其犹圣王登位，欲与万国同体，苗顽不庭，必须用武，直得车书混一，方能坐拱无为耳，余文可知。

第四释、第四会通本末二，初标牒大门。

四会通本末，会前所斥，同归真源，皆是正义。

前儒道、人天、小乘法相，破相显性，递递相望，前前为末，后后为本。若以显性望前，前皆为末，显性独本，今言会通，乃有二义：

一约五教相望，则以显性为能会。前四教及儒道，皆为所会，即是以本会末。注云：会前所斥，同归真源，皆了义故。真源既非所斥，故知但会前四。然约能所相合，故曰会通本末。

二者前显性教，亦是所会。即以此第四一论，以为能会论。云真性虽为身本生起，盖有因由，则知真性亦所会也。以但用真性，不成身故。注会前所斥云云者，前以执末迷本，故须斥之，今以本该末，则前所说皆是，即本之末迷，无非了义。又依华严宗具全收全拣二门，前约别教一乘，拣则全拣；今约圆教，收则全收。

后正释三，初总明二，初明须因缘，初顺明。

真性虽为身本，生起盖有因由。

应有问云：“前四教未显真性，故非了义。今既直显，已是尽理，何须更会前所说耶？”论云真性虽为云云，意谓真性为本，固是尽理，然性起为相，必具众缘，则前八识惑业等，皆其缘也。

后反显。

不可无端忽成身相。

如湛静水，要藉风缘，方成波浪，不可无风，便成浪也。

后正显会通二，初示前斥之由。

但缘前宗未了，所以节节斥之。

亦应先难云：“真性成身，既假八识等缘，则应前说识等为本，亦有理在，何以斥之？”故今释云，前宗所说，未明真性，但以识等，便为身本。如执风缘，便为波浪，不言水者，岂尽理耶？

二正会。

今将本末会通，乃至儒道亦是。

今将下，正会可知。

二别会四，初依本起末二，初标示。

初唯第五性教所说从后段，已去节级方向诸教，各如注说。注初唯下，别会于中，四初依本起末，二举内收外，三重辨心境，四结责寡闻。初文分二，初总彰所本，即标生起以为宗极，后依本会末，即次第会前诸教。一一文中皆先以注词标举，后以论文正显初二，又二先明真心本有，后显派本从缘。

今初此文大抵全用，起信论意分判诸教浅深，如得起信意，则诸教所诠分齐，如指诸掌。尔问前云宗极，即指华严，今此会通，何依起信？答：华严一极称性圆融，始末深玄，难见分齐，起信深浅有序，故得借之，而起信亦宗华严，同一性义，故用之也。

谓《起信》初说一心，即当华严一法界心，故彼立义。分云摩诃衍者，总说有二种：一者法、二者义。所言法者，谓众生心是心，即摄一切世间、出世间法云云。次依一心开真生二门，解释分云，依一心法有二种门：一心真如门，二心生灭门云云。三依生灭门，开觉、不觉二义。文云生灭门者，依如来藏故有生灭心，乃至云此识有二种义：一者觉义，二者不觉义云云。

四依不觉义生三细，文云依不觉故有三种相，与彼不觉不相舍离，云何为三？一者业相、二者能见相、三者境界相。五依三细，生六粗，文云以有境界缘，故复生六种相。一者智相，法执俱生；二者相续相，法执分别；三者执取相，我执俱生；四者计名字相，我执分别；五者起业相；六者业系苦相。

今显性教诠至一心，若依贤首开顿教，即当真如门。今论不开，即以真如门合在显性教中，破相齐生灭门觉、不觉义，法相齐三细，小乘齐后四粗，人天齐起业受报，即业系苦。儒道所说尚不知受报中六种差别，但于人趣中以义摄之，庶尽内外原人之义耳。已知大义，次按文释注文，标举可知。

二正明二，初总明所本二，初明真心本有二，初标宗。

谓初唯一真灵性。

后显相。

不生不灭，不增不减，不变不易。

谓初唯一真灵性者，此句标宗，次不生下三句，显相即真如门意。彼云心真如者，即是一法界，大总相法门体，即论一真灵性。所谓心性不生不灭，与此大同也。乃至云毕竟平等，论云不增不减是平等义，无有变易，论云不变不易，不可破坏，唯是一心，故名真如。

后派本从缘二，初出生灭所以。

众生无始迷睡，不自觉知。

后标生灭所依。

由隐复故，名如来藏。依如来藏故，有生灭心相。

众生无始下，派本从缘，此下即生灭门。初二句，出生灭所以，由不悟故全真。如成生灭也。由隐复故，名如来藏者，即标生灭门所依法体。龙树论，于此作两重能所依。初重以如来藏为所依总相，生灭不生灭二义为能依别相。第二重以黎耶识为所依总相，觉不觉二义为能依别相。今论云依如来藏故，有生灭心相者，正取如来藏属显性教。生灭心者，属后破相，相蹑而起。

二依本会末五，初会破相二，初标举。

自此方是第四教，亦同破此已前生灭诸相也。

自此方是下，依本会末，分之为五，初会破相教，然破相教义通两势。若取空为大乘初门，即令入始教；若取破相显性，即同终教。圭峰以终顿圆，合为显性，为与法相蹑趾相破，故开破相，而以贤首终教义当之，故此所明全同终教。

后正显。

所谓不生不灭，真心与生灭，妄想和合，非一非异，名为阿赖耶识。此识有觉不觉二义。

言所谓不生灭云云者，此中真心妄想四字，论主约义加文，令人易晓，余皆起信正文。言不生灭等者，依龙树论不生灭，即真如生灭，即根本无明。谓众生迷时，根本无明起用，名独力业相，能熏真如。真如被熏，起随染用，名独力随相；真妄和合，名俱舍动相，即黎耶细相；故曰不生不灭，与生灭和合等。良以单真不立，独妄不成，故黎耶中通真及妄，方名真具分唯识也。不言生灭与不生灭合者，以此门中，是从本流末义故。

言非一非异者，即显真妄不即离义。由真上随缘，妄上体空，故真妄不异；由真上不变，妄上成事，故真妄不一。故《胜鬘》云："不染而染，难可了知。染而不染，难可了知。"贤首用《楞伽经》意，以如来藏为不生不灭，以七识为生灭，此二和合，成黎耶识，故黎耶具生灭及不生灭。应知此中真妄和合，诸识缘起，总作四句：一唯不生灭，谓如来藏如水湿性。二唯生灭，谓前七识如波浪。三亦生灭亦不生灭，谓黎耶识如海含动静。四非生灭非不生灭，谓无明如起浪风缘。

言阿赖耶识者，即标真妄和合识心名也。亦云黎耶，但梵音，楚夏梁朝真谛三藏，就名翻为无没识，是不失义。唐三藏就义，翻为藏识。藏，是摄义，所摄名藏，摄藏不失故，大义同耳。以诸众生取为我故。所以然者，良以真如不守自性，随缘和合，似一似常，愚者不知，以似为实，孰为内我？我见所摄，故名曰藏。由此二种我见，不起位中失。

赖耶名又能藏自体；在诸法中，亦藏诸法在自体内故。故论云："能藏、所藏，我爱执藏，是此义也！"故知，从义立藏识名，此识有觉、不觉二义者。由前不生灭真心，故有觉义；由前生灭妄识，故立不觉义。龙树论云："觉义者，是真如气分故；不觉义者，是无明气分故。"广如彼论。

二会法相二，初标示。

此下方是第三法相教中亦同此说

此下方是会法相教，言亦同此说者，良以此文正是起信终实教义，以深必该浅，派本成末，法相齐此，故曰亦同前后，亦同皆例此释。

二正显。

依不觉故，最初动念，名为业相。又不觉此念本无

故，转成能见之识，及所见境界相现。又不觉此境，但从自心妄现，执为定有，名为法执。

言依不觉故者，然觉义中，有本始觉等义，自属净法上转门中，非今所用，故略不明，但说不觉。言最初动念名为业相者，《起信》云：“一者业相，以依不觉故，心动说名为业。”疏云：“动作是业义，即此心动是也！”名为业相者，结名也。彼疏云：“此虽动念，而极微细，缘起一相能、所不分，即当赖耶自证分也。”如《无相论》云：“问：此识何相、何境界？答：相及境界，不可分别，一体无异。”当知，此约赖耶业相义说也。

言又不觉此念至能见之识者，《起信》云：“二者能见相，以依动，故能见。”疏云：“能见相者，即是转相；依前业识，转成能见。”如是转相，虽有能缘，以境界微细故，犹未辨之。如《摄论》云：“意识，缘三世境。”是即可知，此识所缘境，不可知。释曰既云所缘不可知，即约能缘，以明本识转相义也。此当赖耶见分

言及所见境界相现者，《起信》云：“三者境界相，以依能见故，境界妄现。”疏云：“境界相者，即是现相，依前转相，能现境界，即赖耶相分。”此上三细，属赖耶识。

言又不觉至名为法执者，即六粗中，前二相也。

《起信》云："以有境界缘故，复生六种相，云何为六？一者、智相。依前境界心，起分别爱与不爱故。"疏云："于前现识所现相上，不了自心所现故。"创起慧数，分别染净，执有定相，即法执俱生也。"二者相续相依于智，故生其苦乐觉心起念，相应不断故。"疏云："谓依前，分别爱境，起乐受觉，于不爱境起苦受觉，数数起念，相续现前。又能起惑润业，引持生死，故名相续。"即法执分别。

三会小乘二，初标举。

此下方是第二小乘教中，亦同所说。

此下方是下，会小乘教，即六粗中执取计名二相。

后正显。

执此等故，遂见自他之殊，便成我执。执我相故；贪爱顺情诸境，欲以润我。瞋嫌违情诸境，恐相损恼。愚痴之情，展转增长。

言执此等故者，此句蹑前相续相起。《起信》云："三者执取相，依于相续，缘念境界，住持苦乐，心起着。故疏云："缘念境界，住持苦乐者，是前相续相，心起着故。"一句正释，执取之义，谓于前苦乐等，不了虚妄，深起取着。由取着故，遂见自他之殊，便成我执。此即我执俱生也。执我相故下，即当计名字相。彼论云，四者计名字相，依于妄执，分别假名言相故。疏云："谓彼于颠倒所执相上，更立假名，是分别故。"

今论执我相一句，亦蹑前起，而贪瞋痴配此相者，由不了顺逆等境，及与名言，皆虚假故，计为定实，遂于顺情名相境上，起贪；于违情名相境上，起瞋；不了二境皆由痴故。《楞伽》云："相名常相随，而生诸妄想。"释曰："诸妄想者，即贪、瞋、痴也。"

四会人天二，初标举。

此下方是第一人天教中，亦同所说。

会人天中，标举如注。

二正显。

故杀、盗等心神，乘此恶业，生于地狱、鬼、畜等中。复有怖此苦者，或性善者，行施、戒等心神，乘此善业，运于中阴，入母胎中。

依论会通，即起业受报。二相由前三毒，发动身口，造善、恶业。业成招果。恶中杀、盗，善中施、戒，各等其余，即十恶十善。相翻并属，起业相三途。人天即受报相。言复有怖此苦者，谓遭苦发心，改恶修善。故或性善者，由惯熏习成种性故，不因遭苦，自乐修善也。言心神乘此运于中阴者，心神，即赖耶识。乘者，凭托义。运者，转也。心为能乘，业为能运。业如舟车，心神凭此转入诸趣。

言中阴者，亦名中有。谓死有之后，生有之前中间所有五阴之身，名曰中阴。即以异熟五蕴为体，五趣之中，皆有中阴。除无色界，但有四蕴，余皆具有五根等。然其形量大小，各如本有之量。有云，人中有减半。如本有六尺，中有三尺。人天中有，其身洁白。三途中有，其身黑暗。

一切中有，以香为食，随其福力，香有差殊；随趣胜劣，胜得见劣；劣不见胜。唯同类者，得互相见。将往受生时，不见余境，但见受生和合因缘。不拣远近刹那便至，势力极速；金刚铁石不能为碍。言入母胎中者，《俱舍》颂云："倒心趣欲境，湿化染香处。"谓卵胎。二生中有，由彼业力，远见父母交会，起颠倒心。若男中有，于母起爱，于父起瞋，女者反此。由着乐故，而便迷闷，以迷闷故，中有粗重而便受生。故云倒心趣欲境。言湿化染香处者，谓湿生中有，染香受生；若受生缘会时，不拣远近，皆闻香气。起染心已，彼便受生。随业胜劣，香分好恶，故曰染香。若化生中有，染处受生；若受生缘会，不拣远近，见受生处，而起爱染，彼便受生。随业善恶处，有净秽也。然今论中，正说人趣，故但言入母胎中也。广如别章。

五会儒道二，初总举。

此下方是儒道二教，亦同所说。

儒道二教亦同所说者，然儒道虽说禀气但溟清，而说非如佛教本末详悉，而佛教四大五蕴中，则具含禀气之气，故今曲开以会之。屏山谓西方有中国之书，中国无西方之说，此之谓也。又彼溟清所说之气，得佛教发明，方能委曲详尽。

二别会三，初会禀气二，初正会。

禀气受质，会彼所说，以气为本。气则顿具四大，渐成诸根。心则顿具四蕴，渐成诸识。十月满足，生来名人。即我等今者，身心是也。

禀气受质者，气即父母，赤白中有，揽之以成形质。即《周易》所云，精气为物也。下说心则顿具四蕴，即游魂为变也。言气则顿具四大者，谓所禀气中，便有地水火风故。又《瑜伽》云："尔时，父母贪爱俱极，最后，各出一滴浓厚精血和合。住母胎中，犹如熟乳，中有赖耶依之而住，此即名为羯罗蓝位。"

言渐成诸根者，《宝积经》云："是诸众生，托胎母腹，凡经三十八个七日，有二十九种业风所吹，次第成就。第一七日，犹如酪浆。第二七日，状如凝酥。乃至第三十七七日，念欲出生。三十八七日，满足十月，向母产门倒卓而生。"又云："从此已后，复经四日，方乃出生。凡经二百七十日。”故云渐成诸根。心则顿具四蕴渐成诸识者，以赖耶识是总报主，有王必有所，故而前五识要依根境，方能发故。而处胎时，根境未具，故无前五，其六七识由无境故，亦无发用。出胎之后，诸识方具，故曰渐成。由此故说，赖耶来为先锋，去为殿后。

言十月满足者，如前所说，通计在胎二百七十日，除小尽算属十月数，然约多分，故说十月。亦有五七八月，或一年生者。如罗去六年而诞，胁尊者六十年，老聃八十年。故知十月多人如是。

二结正义二，初举正义。

故知，身心各有其本。

二结成。

二类和合，方成一人；天、修罗等，大同于此。

各有本者，身以血气为本，心以业惑为本。且就枝末实通法性，言二类和合下，结成可知。言天、修罗等，大同此者，同前气则顿具四大渐成诸根，心则顿具四蕴渐成诸识故。《起世经》云：复有一种以身善行、口意善行，身坏命终，生于上天。彼天上识初相续生，即共名色，一时俱生。有名色故，即生六入。彼于天中，若是天男，即于天子坐膝边生；若是天女，即于其母两股内生。初出之时，状如人间，十二岁儿，彼天即称是我儿女云云。然，且约欲界，若上二界但由定力引生；而无色界但有四蕴无四大粗色，应说上二界但以心为本。

言修罗者，梵语阿修罗，古翻无酒，亦云不饮酒神。谓海水咸苦，酿酒不成，因兹不饮。新云阿素罗，此云非天。谓受福如天，无天实德，故曰非天。前人天中，而不别说阿修罗者，由此修罗通四生故，四趣摄之。等者，等诸僊也。如《楞严》开十种僊，诸教之中，不别说者，合人中故。既属人中，与前人同。

二会自然二，初正会二，初举因验果二，初总明。

然，虽因引业，受得此身，复由满业，故贵贱、贫富、寿夭、病健、盛衰、苦乐。

从此已下一段，先举论文，后以注指，不同前文注先标举。随作者意，不拘一轨耳。此文承前“心神乘此运于中阴处来”前文，大意由持五戒，今得人身。外人难云：“既由善业感得人身，人身既同，则应贵则同贵，贱则同贱，何故不同？”故今答云：“引业招总报，满业招别报。总报同者，引业同故。别报异者，满业不同故。”言引业者，《唯识》云：“胜业名引，引余业生，故报亦名引，引余果故。”

言满业者，谓能成满总报果事故。因果发，有满义。如人修五戒时，或敬或慢，或施或悭等，由此二业，引满不纯，故于果中总别报异。总别善恶，应作四句分别：一者总善别不善，谓人中贫病等。二者别善总不善，如畜有肥好、庄严等。三总别俱善，如人中寿福等。四总别俱不善，如畜中盲跛等。故《俱舍》云：“一业引一生，多业能圆满是也。”

二别显。

谓前生敬慢为因，今感贵贱之果，乃至仁寿、杀夭、施富、悭贫，种种别报，不可具述。

此则于前三报之中，生报果也。文中，因果二二相合，意云前生恭敬于人，今感尊贵之果。前生轻慢于人，今感卑贱文举敬慢，以例其余。故云乃至仁寿已下，即所例也。仁、杀、施、悭为因，寿、夭、富、贫为果。言种种别报者，即妍丑、智愚之类，各以因果相属。明之在五果中，即等流果也。

二举果验因。

是以，此身或有：无恶自祸，无善自福，不仁而寿，不杀而夭等者，皆是前生满业已定故。今世，不因所作自然而然。

此中无恶自祸等，与前无行而贵，守行而贱等，大意全同。但前举之意，在反彼所执，今所明者，正显宿业差殊。而前事迹可引用尔，如桀、纣、颜、冉等。今且略举其一，如云不杀而夭者；不杀，仁也。孔圣尝曰“仁者寿”，又尝叹颜子曰“回也！其心三月，不违仁”。若贵仁寿于一世，则颜子宜其寿矣，何不幸而短命乎？盖自颜子宿世，或曾杀生所致，而现世之仁，不能排遣于定业也。故云皆是前生满业已定云云，举此一端，余悉可较。

然，因果之说，孔老亦尝言之矣。老子云“天道好还”，夫子云“积善之家必有余庆”，曾子云“出乎尔？反乎尔？”孟子云“爱人者，人恒爱之；敬人者，人恒敬之”，皆因果也。而但言乎一世，不说过去未来，故求其实，或时不验，如颜子短命之类也。唯，佛具宿住智通，及过现未来业报智故，视无量劫本生、本事，犹如月击。故高谈因果，以警悟世人，使虽居暗室，尚知畏惧。纵能欺人，于现世将知不免于当来此。其助世教于冥冥之中者，功不浅矣。彼阐提之辈，尚谓吾佛以因果之说，诳惑愚俗者，斯亦不仁之甚哉！

二结会迷执。

外学者不知前世，但据目睹，唯执自然。会被所说，自然为本。

三会天命三，初举因。

复有前生，少时修善，老而造恶；或少恶老善。

二辨果。

故今世少小富贵而乐，老大贫贱而苦；或少贫苦老富贵等。

三结会异执。

故，外学唯执否泰由于时运。会彼所说，皆由天命。

言否泰者，即周易二卦名，干上坤下曰否，坤上干下曰泰。泰者，通也。天地交接，万物通生。否者，塞也。天地不交，阴阳闭塞也。故人之时运穷通，象彼二卦，故曰否泰。言由于时命者，世俗谓达与不达是命，遇与不遇是时，如此术数推占，能知人之休咎。云某年当有灾，某年当有喜，故曰阴阳注定，祸福莫逃，而不知是宿业所致。

如前所说，时定报不定等四句所明，或能追悔曩愆，尚可回转。故世有积功累德，能延年却祸者，此由不定业可转，重令轻转，轻令不受也。孰谓否泰由天命，而不可损益乎？而外学者尚曰天也，是不违哉？观《尚书》说纣辛，闻祖伊告西伯，将举兵，乃曰："我生不有命在天。"项羽阴陵失路，乃曰："天亡我矣！"而书史未尝是其说，则知天命不足恃也，何不早悟而修德耶？噫！

次举内收外三，初会同所变二，初别二本二，初推气本。

然所禀之气，展转推本，即混一之元气也。

二推心本。

所起之心，展转穷源，即真一之灵心也。

于中，先推气本，此所禀气即前所会，以气为本。言展转推本者，谓此血气之身，本乎父母阴阳之气所成。父复从祖，祖从曾祖，迤逦推至最初天地，未分则自混元一气也。此顺世俗，且作是说，以收前禀气之义下，当会之令同内教。言所起之心，下推心本，即前心则顿具四蕴渐成诸识。

此推心本外教所无，《周易》但云："游魂为变，而不备明游魂之相，复何为本？”言展转穷源，即一真灵心者。谓此心本从前世善恶业招业，又从惑，惑从执起，执由三细，三细由不觉，不觉由迷真，所迷之真即灵心也。故云尔耳，非佛教了义，安能臻此？

二会气归心。

究实言之，心外的无别法，元气亦从心之所变。属前转识所现之境，是阿赖耶相分所摄，从初一念业相分，为心境之二。

前约身心别分，似各有本。此以身心相望，则身又从心所变。心外无法，则知元气亦自心生。然，外教乍闻此说，定生惊骇。然，此尚约妄识，犹能如是，况真心乎？《大经》云：“心如工画师，能画诸世间。五蕴悉从生，无法而不造。”言属前转识所现之境者，即九相中第三相也。是阿赖耶相摄者，即以转识见分为能现，故此相分为所现也。

言从初一念云云者，由根本无明熏真如，真妄和合成，俱合动相，即赖耶证自证分，从此渐成枝末。无明最初心动，名为业相，即自证分；依此业相，转成能见，故名转相，即是见分；依能见心，境界妄现，名为现识，即属相分。前云元气，即此相分现相摄也。

二辨心境始末二，初就心明。

心既从细至粗，展转妄计，乃至造业。如前叙列。

前文承上，会禀气来，所以从末逆推至本。此文蹑前，从本顺推至末者，欲结成身相，故言乃至造业者。即前九相中，第八不取第九业系苦相，以第九相，即是身故。

二就境明。

境亦从微至着，展转变起，乃至天地。

注二，初会外教说。

即彼始自大易，五重运转乃至太极，太极生两仪。

后拣滥二初约能变，收彼道，二初明一分义同。

彼说自然大道，如此说真性。

后正拣。

其实但是一念能变见分。

后约所变收彼元气二，初明分同，彼云元气，如此一念初动。

后正拣。

其实但是境界之相。

言从微至著者，三细相分，曰微，以未离本识故。乃至天地者，由二执展转熏习。不了唯识所变，一向执为外物是粗着也。着，谓显着。注中会通外教之说，言即彼始自太易乃至两仪者，即指前从微至着，同五运也。言五重运转者，即《周易》钩命诀云：一曰太易、二曰太初、三曰太始、四曰太素、五曰太极。如前已释，太极生两仪，即前乃至天地是也。彼说自然下，拣滥因前会外教之说，恐人便谓孔老所说，大道元气应与此中法性义同，恐成相滥，故须拣之。

谓老氏云，杳兮冥兮。其中有精又云，视之不见曰微，搏之不得曰夷，听之不闻曰希。又云寂兮寥兮，独立而不改，等似佛教中说真如法性之义。其实下正拣能变见分，虽是内教，然是妄识异于真心。问：何以得知是能变见分耶？答：此识初转未有所缘，是独立而不改，义有能见用，是彼其中有精，从此展转方有境界，是为天下母义，故知是也。然约一分义同，未必全是，且勿认着。盖离识外无别万法，纵说大道，岂离职耶？彼云下，前约能变收彼大道，此约所变收彼元气，彼说元气在物之先，似黎耶识初动之义，其实下拣如前已明。亦以离识无别气故，虽是拣滥，亦兼收之。

三合内外成身。

业既成熟，即从父母禀受二气。气与业识和合，成就人身。

以业为内业，属心故。以气为外气，成身故。识，如弄狮子人；父母二气，如狮子皮。气与业识和合，如人在皮中成就人身。如狮子跳跃，似有作用；故人出，则狮子不能运动。识去则形骸之身死矣。又《摄论》云：“譬如幻化人，复作幻化人。如初幻化人，是则名为业，幻化人所作是名为业果。”此论六句，初二句举喻，后四句法合，且喻意者。

如昔壶公，善幻术，一日，于廊肆困卧。有一妇人自壶中出，妇亦悬壶行立良久。见壶公困卧不觉，于自壶中化出肴酒，及一男子，与共劝饮。少时，壶公将觉，妇以肴酒及幻男子，内自壶中，既而妇人亦入壶公之壶中，所谓幻化人复作幻化人也。法合中，初幻化人如彼妇人，喻能感业；幻人所作如彼男子，喻业所成身。应以壶公喻赖耶也。

故知此身外，暨天地万物，皆幻中幻也。如梦中说梦，未知是梦，斯之谓也。业所成识，名业识也。

三重辨心境三，初正明二，初蹑迹总标。

据此，则心识所变之境，乃成二分。

二别释二，初正报。

一分与心识和合成人；

二依报。

一分不与心识和合，即是天地山河国邑。

前文，从初唯一真灵性下，次第派本成末，至前十月满足生来名为人，则内教源人之义备矣。又以宿业差别，会儒道所说自然天命，至于业熟禀气成就人身，已尽内外之说，无所遗矣。今此一段，则就内教，心能变境，前云元气，亦从心之所变。境有内外故，成情器之异。然后知会万化而唯心者，唯佛教有之矣。

外学不知妄，谓以小缘大者；自其坐井，而谓天小耳！乌足与语道哉？言所变之境成二分者，谓诸识生时，虽有多缘，要略唯二：一者，根身识所依故。二者，器界识所缘故。所依之中，有总有别；总谓一身，别即五根谓眼、耳、鼻、舌、身诸识，依此方能发。故能依、所依不相舍离，故云与识和合成人。

所缘之中，总名曰境，别则有六，谓色、声、香、味、触、法。论中为对外教执天地生万物，故特言之。而前六境，并在天地之中，故举天地，以总收之。然，天地等，皆色法摄广如百法等说。

二出人灵所以。

三才中，唯人灵者，由与心神合也。

外教云："天生万物，唯人最灵。"彼宗则以人及万物，皆禀天地之气，故曰天生万物而于所禀之中，得天地之正气者，为人。故以人为最灵。今内教说则不如是。谓此血肉之身，由与心神合故。盖由心识宿世熏习所成，故能思虑等。虽禽畜等，亦有心神。而无明深厚，诸识昧劣，故异于人，非干气也。所禀之气，但成血肉之身；此血肉身，但心神之屋宅耳。如傀儡之屈伸语笑，岂木偶之能然哉？

三引教证。

佛说内四大，与外四大不同，正是此也。

此通指诸经论说。内，则皮肉等为地，精血等为水，暖气为火，动转为风。如前小乘教说外四大可知。若内四大，则又以因受大种，谓藏识持种故，则有执受者为内，无执受者为外。言正是此者，由前心识所变成二分，故及人舍寿，无执受故，内亦成外。故忏云："死者，尽也，气绝神逝人物。"一统者，谓内四大同外四大，故曰一统。然，世俗执禀气者，见人死气消，谓之气散为死，殊不知四大之中，火风二大，性轻举故，死则先散。地水后之。正意以赖耶去体，非干气也。

四结责寡闻。

哀哉寡学，异执纷然！

异执之义，广如前说。纷然者，丝乱之状也。

三结劝生正解二，初正劝。

寄语道流，欲成佛者，必须洞明粗细本末，方能弃末归本，返照心源。

论主愍前寡闻异执，不达身本，故此劝之。学道之流，本求成佛，不达其本，徒事勤劳。言必须者，谓决定经由此道，离此别无成佛要门。故洞者，通也，见解通彻，无偏滞也。粗细本末者，粗细，即九相等惑；本末，即真妄等法。但不随妄念，即是弃末；了性圆明，即是归本。譬如有人迷失家乡，淹留外郡，忽逢亲友，示以家山，便当舍他国之艰辛，返故乡而快乐矣。返照心源者，谓以了因之始觉，还照正因之本觉。知真本有，达妄元空。《大经》云："不能了自心，云何知正道？彼由颠倒慧，增长一切恶。"是知，若不先了本心，设使多劫勤修，非真修故。如磨作镜之说也。

后举果示益。

粗尽细除，灵性显现，无法不达，名法报身。自然应现无穷，名化身佛。

即如磨镜，灵性显现，如彼镜明，无法不达类。触处以光辉，应现无穷，若随形而示影，言名法报身及化身佛者。然，三身之义，诸教皆谈；今就大乘，略明梗概。一依法相宗，一法身者，以出缠真如为体，但是凝然不变之性。在缠，名如来藏。出缠与无为功德为所依，故名曰法身。

二报身者，酬因名报，谓诸菩萨藏识，具有四智菩提种子。在因中时，障覆不现，由圣道力，断彼二障，令从种起，直至等觉位后，解脱道中，转赖耶识成圆镜智。于色究竟天，坐华王座，十方诸佛，流光灌顶，根尘相好，御周法界。受用法乐，不对机宜，名自报身。

即以真无漏五蕴为体，复由依定起用，应十地机，令他受法乐，名他报身。二报开合，随时说异。

三化身者，变现为义，依前报身后得智中，起大悲心，依大悲心，现三类化身。一、千丈大化身，应地前类，说大乘法。二、丈六小化身，应二乘机及诸凡夫说三乘法。三、随类化身，谓猿中现猿，鹿中现鹿等。此他报身及三类化，皆以似无漏五蕴为体。

二依法性宗所说，三身依体、相、用三大而立。

《起信》云："一者，体大，谓一切法真如平等，不增减故。释曰：'性体当相，即法身也。'二者，相大，谓如来藏具足无量性功德故。释曰：'依不空藏性德本具，修行出障，与此相应，名真报也。'三者，用大，能生世间、出世间善因果故。释曰：'谓佛随染业幻，自然大用，应地前类，及诸凡夫，令始成世善，名化身。'名世间善。若他报身，随登地机，说大乘法，令终成出世善也！"地上证真，名出世善。今论言法报身者，谓以性德合于性体，理智不二，法报一源也。故《金光明经》云："唯如如及如如智独存，斯亦二身义也。"若华严宗说，遮那佛具两种十身。

一、约融三世间为十身。一众生身，二国土身，乃至十虚空身。二就佛身上，自具十身，一菩提身，二愿身，乃至十智身。此二种十身，若与三身相摄者，如前十身中，法身、虚空身，即三身中法身、如来身。智身，即报身摄余六通法化，谓法身体故，应物示现、国土等故。

二、约内十身中者，法身全同菩提，愿化力持。意生五身，即同化身相好，威势福德。三身通报化智，通三身局。唯法报今论所明，即法性宗，及圆教也。以本统末，亦摄诸宗矣！

参考书目

1.《原人论》唐·宗密著《中国佛教思想资料选编》第二卷、第二册　中华书局　一九八三年一月出版，据金陵刻经处印同治十三年鸡园刻经处本标点排印。

2.《五祖圭峰大师传》同上中华书局出版，据金陵刻经处本清续法《法界宗五祖略记》本标点排印。

3.《唐圭峰草堂寺宗密传》宋·赞宁撰《宋高僧传》卷六　中华书局　一九八七年出版，范祥雍点校。

4.《圭峰定慧禅师遥禀清凉国师书》唐·宗密撰《续藏经》第一编　第十五套。

5.《圭峰定慧禅师碑》　唐·裴休撰。

6.《圆觉经大疏》唐·宗密撰　《续藏经》第一编　第十四套。

7.《圆觉经大疏释义钞》　唐·宗密撰　《续藏经》

第一编　第十四、十五套。

8.《中国佛教思想资料选编》 第二卷、第二册　石峻等编　中华书局　一九八三年出版。

9.《隋唐佛教史稿》 汤用彤著　中华书局　一九八二年出版。

10.《汉唐佛教思想论集》 任继愈著　人民出版社　一九七三年出版。

出版后记

星云大师说：“我童年出家的栖霞寺里面，有一座庄严的藏经楼，楼上收藏佛经，楼下是法堂，平常如同圣地一般，戒备森严，不准亲近一步。后来好不容易有机缘进到藏经楼，见到那些经书，大都是木刻本，既没有分段也没有标点，有如天书，当然我是看不懂的。”大师忧心《大藏经》卷帙浩繁，又藏于深山宝刹，平常百姓只能望藏兴叹；藏海无边，文辞古朴，亦让人望文却步。在大师倡导主持下，集合两岸近百位学者，经五年之努力，终于编修了这部多层次、多角度、全面反映佛教文化的白话精华大藏经——《中国佛教经典宝藏》，将佛教深睿的奥义妙法通俗地再现今世，为现代人提供学佛求法的方便途径。

完整地引进《中国佛教经典宝藏》是我们的夙愿，

三年来，我们组织了简体字版的编审委员会，编订了详细精当的《编辑手册》，吸收了近二十年来佛学研究的新成果，对整套丛书重新编审编校。需要说明的是此次出版将丛书名更改为《中国佛学经典宝藏》。

佛曰：一旦起心动念，也就有了因果。三年的不懈努力，终于功德圆满。一百三十二册，精校精勘，美轮美奂。翰墨书香，融入经藏智慧；典雅庄严，裹沁着玄妙法门。我们相信，大师与经藏的智慧一定能普应于世，济助众生。

东方出版社

图书在版编目（CIP）数据

华严原人论 / 李锦全 释译 . —北京：东方出版社，2020.2
（中国佛学经典宝藏）
ISBN 978-7-5060-8479-6

I. ①华… Ⅱ. ①李… Ⅲ. ①华严宗②《原人论》—
研究 Ⅳ. ① B946.4

中国版本图书馆 CIP 数据核字（2015）第 248456 号

华严原人论
（HUAYAN YUANREN LUN）

释 译 者：李锦全
责任编辑：王梦楠
出　　版：东方出版社
发　　行：人民东方出版传媒有限公司
地　　址：北京市朝阳区西坝河北里 51 号
邮　　编：100028
印　　刷：北京大兴县新魏印刷厂
版　　次：2020 年 2 月第 1 版
印　　次：2020 年 2 月第 1 次印刷
开　　本：880 毫米 ×1230 毫米　1/32
印　　张：9.25
字　　数：156 千字
书　　号：ISBN 978-7-5060-8479-6
定　　价：55.00 元
发行电话：（010）85924663　85924644　85924641